佛学经典100句

净土三经

陈剑锽 ◎ 著

人民东方出版传媒
东方出版社

图书在版编目（CIP）数据

佛学经典 100 句. 净土三经／陈剑锽 著. —北京：东方出版社，2014. 6
ISBN 978-7-5060-7591-6

Ⅰ.①佛… Ⅱ.①陈… Ⅲ.①佛教—通俗读物 Ⅳ.①B94-49

中国版本图书馆 CIP 数据核字（2014）第 138443 号

佛学经典 100 句——净土三经
（FOXUEJINGDIAN 100JU——JINGTUSANJING）

作　　者：陈剑锽
责任编辑：夏旭东
出　　版：东方出版社
发　　行：人民东方出版传媒有限公司
地　　址：北京市东城区朝阳门内大街 166 号
邮政编码：100706
印　　刷：北京京都六环印刷厂
版　　次：2014 年 7 月第 1 版
印　　次：2014 年 7 月第 1 次印刷
印　　数：1—5000 册
开　　本：880 毫米×1230 毫米　1/32
印　　张：11.125
字　　数：134 千字
书　　号：ISBN 978-7-5060-7591-6
定　　价：38.00 元
发行电话：(010) 64258117　64258115　64258112

目　录

力、七菩提分、八圣道分，如是等法。

25　彼佛国土，无三恶道。舍利弗，其佛国土，尚无恶道之名，何况有实。

28　彼佛国土，微风吹动，诸宝行树，及宝罗网，出微妙音，譬如百千种乐，同时俱作。

31　彼佛光明无量，照十方国，无所障碍，是故号为阿弥陀。

34　彼佛寿命，及其人民，无量无边阿僧祇劫，故名阿弥陀。

37　极乐国土，众生生者，皆是阿鞞跋致，其中多有一生补处。

41　不可以少善根、福德因缘，得生彼国。

44　一心不乱，其人临命终时，阿弥陀佛，与诸圣众，现在其前。

47　释迦牟尼佛能为甚难希有之事，能于娑婆国土，五浊恶世，劫浊、见浊、烦恼浊、众生浊、命浊中，得阿耨多罗三藐三菩提。

51　当知我于五浊恶世，行此难事，得阿耨多罗三藐三菩提，为一切世间说此难信之法，是为甚难。

54　阿阇世，随顺调达恶友之教，收执父王频婆娑罗。

57　诸璎珞中，盛葡萄浆，密以上王。

61　唯愿世尊，为我广说无忧恼处，我当往生，不乐阎浮提浊恶世也。

64　我今乐生极乐世界，阿弥陀佛所，唯愿世尊，教我思惟，教我正受。

67 阿弥陀佛，去此不远，汝当系念，谛观彼国，净业成者。

70 欲生彼国者，当修三福：一者、孝养父母，奉事师长，慈心不杀，修十善业；二者、受持三归，具足众戒，不犯威仪；三者、发菩提心，深信因果，读诵大乘，劝进行者。

73 如执明镜，自见面像。见彼国土，极妙乐事，心欢喜故，应时即得无生法忍。

76 汝是凡夫，心想羸劣，未得天眼，不能远观。

79 正坐西向，谛观于日，欲没之处，令心坚住，专想不移，见日欲没，状如悬鼓。

82 若观是地者，除八十亿劫，生死之罪。舍身他世，必生净国，心得无疑。

85 欲想水者，极乐国土，有八池水。一一池水，七宝所成。

88 谛听谛听，善思念之，吾当为汝分别解说，除苦恼法；汝等忆持，广为大众分别解说。

91 若欲念彼佛者，当先作此妙华座想。作此想时，不得杂观，皆应一一观之。

94 诸佛如来，是法界身，入一切众生心想中。

97 心想佛时，是心即是，三十二相，八十随形好。是心作佛，是心是佛。

101 想彼佛者，先当想象，闭目开目，见一宝像，如阎浮檀金色，坐彼华上。

104 见极乐国，七宝庄严，宝地宝池，宝树行列，诸天宝幔，弥覆其上，众宝罗网，满虚空中。

107 想一观世音菩萨像，坐左华座，亦作金色，如前无异，想一大势至菩萨像，坐右华座。

110 一一光明，遍照十方世界，念佛众生，摄取不舍。

113 但当忆想，令心眼见，见此事者，即见十方一切诸佛。以见诸佛故，名念佛三昧。

116 观无量寿佛者，从一相好入，但观眉间白毫，极令明了。见眉闻白毫相者，八万四千相好，自然当现。

119 见无量寿佛者，即见十方无量诸佛，得见无量诸佛故，诸佛现前授记。

122 但观首相，知是观世音，知是大势至，此二菩萨，助阿弥陀佛，普化一切。

125 一者至诚心，二者深心，三者回向发愿心；具三心者，必生彼国。

129 一者慈心不杀，具诸戒行；二者读诵大乘，方等经典；三者修行六念，回向发愿，愿生彼国。

132 阿弥陀佛，放大光明，照行者身，与诸菩萨，授手迎接。

135 光明宝林，演说妙法。闻已，即悟无生法忍。

138 历事诸佛，遍十方界，于诸佛前，次第授记，还至本国，得无量百千陀罗尼门，是名上品上生者。

141 不必受持读诵方等经典；善解义趣，于第一义，心不惊动，深信因果，不谤大乘。

145 亦信因果，不谤大乘，但发无上道心，以此功德回向，愿求生极乐国。

148 若有众生，受持五戒，持八戒斋，修行诸戒，不造五逆，无众过患；以此善根，回向愿求，生于西方极乐世界。

152 若有众生，若一日一夜，持八戒齐；若一日一夜，持沙弥戒；若一日一夜，持具足戒，威仪无缺；以此功德，回向愿求，生极乐国。

155 此人命欲终时，遇善知识，为其广说阿弥陀佛，国土乐事，亦说法藏比丘，四十八愿。

158 命欲终时，遇善知识，为说大乘十二部经，首题名字，以闻如是诸经名故，除却千劫，极重恶业。

161 或有众生，毁犯五戒、八戒，及具足戒，如此愚人，偷僧祇物，盗现前僧物，不净说法，无有惭愧。

164 或有众生，作不善业，五逆十恶，具诸不善，如此愚人，以恶业故，应堕恶道，经历多劫，受苦无穷。

168 一时，佛住王舍城，耆阇崛山中，与大比丘众，万二千人俱，一切大圣神通已达。

171 今日世尊，诸根悦豫，姿色清净，光颜巍巍，如明镜净，影畅表里。

174 今日世尊，住奇特之法；今日世雄，住诸佛所住；今日世眼，住导师之行；今日世英，住最胜之道；今日天尊，行如来之德。

177	如来以无尽大悲，矜哀三界，所以出兴于世，光阐道教。欲拯济群萌，惠以真实之利。
180	如来正觉，其智难量，多所导御。慧见无碍，无能遏绝。
183	有佛，名世自在王如来、应供、等正觉、明行足、善逝、世间解、无上士、调御丈夫、天人师、佛世尊。
186	时有国王，闻佛说法，心怀悦豫，寻发无上正真道意，弃国捐王，行作沙门，号曰法藏。
189	世自在王佛，谓法藏比丘："如所修行，庄严佛土，汝自当知。"
192	譬如大海，一人斗量，经历劫数，尚可穷底，得其妙宝。
195	世自在王佛即为广说二百一十亿诸佛刹土，天人之善恶、国土之粗妙，应其心愿，悉现与之。
198	其心寂静，志无所着，一切世间，无能及者。
201	设我得佛，国中天人，寿终之后，复更三恶道者，不取正觉。
204	设我得佛，国中天人，形色不同，有好丑者，不取正觉。
207	设我得佛，十方众生，至心信乐，欲生我国，乃至十念，若不生者，不取正觉。
210	设我得佛，十方众生，发菩提心，修诸功德，至心发愿，欲生我国，临寿终时，假令不与大众围绕，现其人前者，不取正觉。

251 设我得佛，他方国土，诸菩萨众，闻我名字，至于得佛，诸根缺陋，不具足者，不取正觉。

254 设我得佛，他方国土，诸菩萨众，闻我名字，寿终之后，生尊贵家。

257 设我得佛，他方国土，诸菩萨众，闻我名字，欢喜踊跃，修菩萨行，具足德本。

260 设我得佛，他方国土，诸菩萨众，闻我名字，不即得至，不退转者，不取正觉。

263 法藏菩萨今已成佛，现在西方，去此十万亿刹其佛世界，名曰安乐。

266 无量寿佛，威神光明，最尊第一，诸佛光明，所不能及。

269 无量寿佛，光明显赫，照耀十方，诸佛国土，莫不闻焉。

272 无量寿佛，寿命长久，不可称计，汝宁知乎？

275 彼佛国土，清净安隐，微妙快乐，次于无为泥洹之道。

278 其有众生，生彼国者，皆悉住于正定之聚。

281 诸有众生，闻其名号，信心欢喜，乃至一念，至心回向，愿生彼国，即得往生，住不退转。

284 十方世界，诸天人民，其有至心，愿生彼国，凡有三辈。

287 其上辈者，舍家弃欲，而作沙门，发菩提心，一向专念无量寿佛，修诸功德，愿生彼国。

213 设我得佛，十方众生，闻我名号，系念我国，植诸德本，至心回向，欲生我国，不果遂者，不取正觉。

216 设我得佛，国中天人，不悉成满三十二大人相者，不取正觉。

221 设我得佛，他方佛土诸菩萨众，来生我国，究竟必至一生补处。

224 国中菩萨，承佛神力，供养诸佛。

227 国中菩萨，在诸佛前，现其德本，诸所求欲，供养之具。

230 设我得佛，国中菩萨，不能演说一切智者，不取正觉。

233 设我得佛，国中菩萨，不得金刚那罗延身者，不取正觉。

236 设我得佛，国中菩萨，若受读经法，讽诵持说，而不得辩才智慧者，不取正觉。

239 设我得佛，国土清净，皆悉照见十方一切无量无数、不可思议诸佛世界，犹如明镜，睹其面像。

242 设我得佛，十方无量、不可思议诸佛世界，众生之类，蒙我光明，触其身者，身心柔软，超过天人。

245 设我得佛，十方无量、不可思议诸佛世界，其有女人，闻我名字，欢喜信乐，发菩提心，厌恶女身，寿终之后，复为女像者，不取正觉。

248 设我得佛，国中天人，欲得衣服，随念即至，如佛所赞，应法妙服，自然在身。

【导读】

细说净土三经

一、何谓净土三经?

净土三经是指《佛说无量寿经》《佛说观无量寿佛经》及《佛说阿弥陀经》,为净土法门所依据的主要经典。在众多佛教经典里,说到弥陀净土思想的经典有二百多部,而以此三部为主要经典的原因,须归因于日本净土宗开祖源空在其《选择本愿念佛集》所提倡,该书第一章云:"正明往生净土之教者,谓三经一论是也。三经者:《无量寿经》《观无量寿佛经》《阿弥陀经》也;一论者:天亲菩萨《往生论》是也。或指此三经号称'净土三部经'也。"

依据此三部经典内容,《无量寿经》是佛陀在耆阇崛山所说,《观无量寿佛经》是在王舍城所说,而《阿弥陀经》是在祇树给孤独园所说。本书采用的汉译本分别是康僧铠所译的《佛说无量寿经》、畺良耶舍的《佛说观无量寿佛经》及鸠摩罗什的《佛说阿弥陀经》。

二、净土三经的汉译本

(一) 无量寿经

《无量寿经》在中国的译本有十二种，现存五种，据说七种已经散佚。此十二种译本名称如下：

(1)《佛说无量寿经》二卷，东汉·安世高译，缺。

(2)《佛说无量清净平等觉经》四卷，东汉·支娄迦谶译，现存。

(3)《佛说阿弥陀三耶三佛萨楼佛檀过度人道经》二卷，吴·支谦译，现存。

(4)《佛说无量寿经》二卷，曹魏·康僧铠译，现存。

(5)《佛说无量清净平等觉经》二卷，曹魏·白延译，缺。

(6)《佛说无量寿经》二卷，西晋·竺法护译，缺。

(7)《佛说无量寿至真等正觉经》二卷，东晋·竺法力译，缺。

(8)《新无量寿经》二卷，东晋·觉贤译，缺。

(9)《新无量寿经》二卷，东晋·宝云译，缺。

(10)《新无量寿经》二卷，刘宋·昙摩密多译，缺。

(11)《无量寿如来会》二卷，唐·菩提流支译，现存。

(12)《佛说大乘无量寿庄严经》三卷，赵宋·法贤译，现存。

这"五存七缺"是由智升的《开元释教录》所云："此经前后，经十一译，四本在藏，七本阙。"加入法贤的译本，共有十二译，成为"五存七缺"之说。然而，后人对此说存疑，如日本学者望月信亨、常盘大定、椎尾辨匡、境野黄洋、中村元等教授，根据历代经录的记载、敦煌资料，以及梵文原本的对译研究，认为本经仅有五种译本，其余多为重复、讹传或是经录误题。其中，康僧铠的译本又被学者指出是竺法护译于西晋永嘉二年的译本。

（二）观无量寿佛经

汉译《观无量寿佛经》在智升的《开元释教录》列有两种译本，即：

（1）《佛说观无量寿佛经》一卷，刘宋·畺良耶舍译，现存。

（2）《佛说观无量寿佛经》一卷，刘宋·昙摩密多译，缺。

《开元释教录》记载刘宋时代曾有两次翻译本经，但是据慧皎的《梁高僧传·昙摩密多》，并未记载昙摩密多翻译本经。当代学者研究结果，认为《开元释教录》所记有误，本经应为畺良耶舍所译。此外，本经至今仍未发现梵文本，也没有藏文的译本，只有在中国新疆地区发现维吾尔文翻译的断简。

（三）阿弥陀经

《阿弥陀经》的汉译本有三种，即：

（1）《佛说阿弥陀经》一卷，姚秦·鸠摩罗什译，现存。

（2）《佛说小无量寿经》一卷，刘宋·求那跋陀罗译，缺。

（3）《称赞净土佛摄受经》一卷，唐·玄奘译，现存。

求那跋陀罗的译本早已遗失，现仅存咒文与利益文。鸠摩罗什与玄奘两种译本比较，于诸佛称赞的部分，前者列举六方三十八佛，后者则列举十方四十二佛。由于鸠摩罗什的译本简洁流畅，诵读者多，流通较广。

三、净土三经的经题

《佛说无量寿经》有二卷，因而又称为《双卷经》《两卷无量寿经》；又因为与《佛说阿弥陀经》区别，所以亦名《大经》。

《佛说观无量寿佛经》又称《无量寿佛观经》《无量寿观经》《十六观经》，略称《观经》。释尊在本经云："此经名'观极乐国土、无量寿佛、观世音菩萨、大势至菩萨'，亦名'净除业障，生诸佛前'。"从此经题看来，其教旨为"净除业障，生诸佛前。"

《佛说阿弥陀经》又称《一切诸佛所护念经》《小无量寿经》《四纸经》《小经》。鸠摩罗什的译本云"汝等众生，当信是称赞不可思议功德，一切诸佛所护念经"，因而玄奘重译此经时，便题名"称赞净土佛摄受经"，是根据诸佛所说经名而简约之。

四、净土三经的结构

据说自东晋道安开始，将佛经分为序分、正宗分、流通分，序分叙述该经之由来、因缘；正宗分讲说该经之宗旨；流通分则叙说受持本经之利益及劝众等广为流传，令后世众生依教奉行。以下依此科文，分别说明净土三经的结构。

（一）无量寿经

本经的序分又分为"证信序"及"发起序"，"证信序"

自"我闻如是，一时佛住王舍城，耆阇崛山中"到"如是之等菩隆大士，不可称计，一时来会"为止。"发起序"自"尔时世尊，诸根悦豫，姿色清净，光颜巍巍"到"阿难谛听，今为汝说。对曰：唯然，愿乐欲闻"为止。

"正宗分"自"佛告阿难，乃往过去久远无量不可思议无央数劫，锭光如来，兴出于世"到"我但说十方诸佛名号，及菩萨比丘生彼国者，昼夜一劫，尚未能尽，我今为汝略说之耳"为止。

"流通分"自"佛告弥勒，其有得闻彼佛名号，欢喜踊跃，乃至一念"到"佛说经已，弥勒菩萨，及十方来诸菩萨众，长老阿难，诸大声闻，一切大众，靡不欢喜"为止。

（二）观无量寿佛经

本经的"序分"自"如是我闻，一时佛在王舍城，耆阇崛山中"到"世尊！我宿何罪，生此恶子？世尊复有何等因缘，与提婆达多共为眷属"为止。"正宗分"自"唯愿世尊，为我广说无忧恼处，我当往生，不乐阎浮提浊恶世也"到"生彼国已，获得诸佛现前三昧。无量诸天，发无上道心"为止。

"流通分"自"尔时，阿难即从座起，白佛言：世尊！当何名此经？此法之要，当云何受持"到"尔时，阿难广为大众说如上事，无量诸天、龙、夜叉，闻佛所说，皆大欢喜！礼佛而退"为止。

（三）阿弥陀经

本经的"序分"自"如是我闻，一时佛在舍卫国，祇树给孤独园"到"尔时，佛告长老舍利弗：从是西方，过十万亿佛土，有世界名曰极乐，其土有佛，号阿弥陀，今现在说法"为止。"正宗分"自"舍利弗，彼土何故名为极乐？其国众生，无有众苦，但受诸乐，故名极乐"到"舍利弗，我见是利，故说此言。若有众生，闻是说者，应当发愿，生彼国土"为止。"流通分"自"舍利弗，如我今者，赞叹阿弥陀佛，不可思议功德之利"到"佛说此经已，舍利弗，及诸比丘，一切世间天人阿修罗等，闻佛所说，欢喜信受，作礼而去"为止。

五、净土三经的内容与要义

（一）无量寿经

本经是释尊在王舍城耆阇崛山，为一万二千位大比丘及普贤、慈氏等诸大菩萨说法，主要叙述在世自在王佛时有一位国王出家为僧，号法藏比丘，于佛发无上菩提心，观见二百一十亿佛土，思惟五劫，摄取庄严佛国清净之行，发四十八大愿，久经长劫，依愿修行，积无量德行，在十劫前成就佛道，号"无量寿佛"，光明、寿命最尊第一，彼国国土谓极乐世界，无量功德庄严。彼国有无数声闻及菩萨众，净土之道场如讲堂、精舍、宫殿、楼观、宝树、宝池等均以七宝严饰，而且百味饮食，随众生心意而呈现。彼国众生智慧高明，颜貌端庄，但受诸乐，无有众苦，是清净安隐的无为涅槃世界。往生彼国的众生有上辈、中辈、下辈之分，上辈乃修出家戒行之行者，中辈及下辈乃在家之修净行者，无论上辈、中辈、下辈，皆须发菩提心才能往生。彼国菩萨都能得到一生补处，被弘誓铠，积累德本，游诸佛国，修菩萨行，供养十方诸佛如来。释迦牟尼于本经最后部分，劝弥勒菩萨及诸天人等，备勤精进，不存怀疑，信心回向，教示贪、嗔、痴等三毒烦恼之苦，杀、盗、淫、妄、酒等五恶之罪，并依五恶而受五痛、五烧之苦报，劝说守五戒行五善，以便能在彼国七宝华中化生。最后教示对于怀疑佛的五智，以及愿往的信心不够坚定的众生，有往生边地之虑，并从中比较边地胎生与莲花化生的差别，说明众生应坚信佛智以修诸功德。

本经之要义有四：

（1）显现成就净土之因，即阿弥陀佛兴发四十八大愿，成就极乐世界。

（2）法藏菩萨圆满愿行，成为阿弥陀佛，教示称念佛名，使众生闻信。

（3）教示娑婆秽土之苦恼，令众生欣求极乐、厌离娑婆，往生彼佛国。

（4）十方念佛众生，三辈具摄，通于圣凡，唯除五逆十恶，诽谤正法。

（二）观无量寿佛经

本经是释尊在摩羯陀国王舍城的东北方耆阇崛山，为一千二百五十人的声闻众和三万二千的菩萨众说法时，因王舍城发生宫廷政变而述说。释尊应韦提希夫人的请求，在频婆娑罗宫讲述观想阿弥陀佛身相及极乐净土庄严的十六种方法。

当时王舍城太子阿闍世受恶友提婆达多的怂恿，发起政变，将其父王频婆娑罗王幽禁在七重牢房。夫人韦提希深恐国王饿死，于是每天洗净身体，将酥蜜、谷粉涂在身上，在头上宝冠里装入葡萄汁，秘送给频婆娑罗王。阿闍世太子以为其父不久将饿死，岂知母后私自奉上食物，深为震怒，于是仗剑欲杀其母。此时有月光、耆婆两位大臣谏止阿闍世。阿闍世弃剑，将韦提希夫人幽闭在深宫。韦提希夫人悲叹万分，遥拜耆闍崛山，请求释尊慈悲救度。释尊即自耆闍崛山显现神通，出现于王宫，为韦提希夫人开示西方极乐世界的往生法门。

释尊教示如何观想佛、菩萨及极乐净土的种种庄严等十三种观法，这称为"定善十三观"，分别是日想观、水想观、宝地观、宝楼观、华座观、像想观、真身观、观音观、势至观、普观和杂想观等十三种观法。另外，释尊又为未来世的凡夫说九品往生的情况，这称为"散善九品"，为大乘、小乘及遇恶法的凡夫众生，开示往生极乐净土的方法。韦提希夫人听闻释尊的开示后立即开悟，证得无生法忍。五百位侍女亦齐发菩提心，愿往生极乐净土。释尊一一为其授记。

本经之要义有四：

（1）本经之宗要有"观佛三昧"及"念佛三昧"两种，定善十三观乃"观佛三昧"，散善九品乃"念佛三昧"。

（2）"观佛三昧"依韦提希夫人的请求而说，属释尊"随他意"之说；"念佛三昧"是为未来世一切凡夫而说，属释尊"随自意"之说。

（3）若有众生愿生彼国者，应发三种心：一者至诚心、二者深心、三者回向发愿心。具三心者，必生彼国。

（4）欲生彼国者，当修三福：一者孝养父母、奉事师长、慈心不杀、修十善业；二者受持三归、具足众戒、不犯威仪；三者发菩提心、深信因果、读诵大乘、劝进行者。如此三事，名为净业。此三种业，乃是过去、未来、现在，三世诸佛，净业正因。

（三）阿弥陀经

本经是释尊在舍卫城的南方祇园精舍，对长老舍利弗等十六位大弟子、文殊为首的大菩萨众，及诸多佛弟子所说的经典。

首先开示过西方十万亿佛土有极乐世界，进而略说极乐净土的七宝行树、宝池、楼阁、宝莲华、化鸟及风树等微妙庄严的胜相。其次开示极乐净土的教主阿弥陀佛具有光明无量、寿命无量之德相。

其次开示往生极乐净土众生，皆能得不退转位。最后不可以少善根福德因缘才能往生彼国，并且有六方诸佛出广长舌相赞叹阿弥陀佛的不可思议功德，劝人信往。

本经之要义有四：

（1）略说西方净土依正庄严，令人执持名号，一心不乱，即得往生。

（2）以光明无量、寿命无量解释阿弥陀佛之名，如本经云："彼佛光明无量，照十方国，无所障碍，是故号为阿弥陀。""彼佛寿命,及其人民,无量无边阿僧祇劫,故名阿弥陀。"

（3）由释尊及六方诸佛之证明,对念佛行者开示诸佛护念之利益。

（4）释尊能为甚难希有之事,于娑婆国土、五浊恶世得阿耨多罗三藐三菩提,并为众生开示世间难信之净土法门。

六、净土三经的重要性与影响

净土法门以现生蒙受佛的摄护,命终时愿生极乐净土为其要旨,释尊教示《无量寿经》《观无量寿佛经》《阿弥陀经》等净土三经,开阐往生妙法。释尊灭度后,马鸣菩萨造《大乘起信论》、龙树菩萨造《十住毗婆沙论》、世亲菩萨造《往生论》,赞述三经之要义。北魏宣武帝时,菩提流支传授昙鸾《观无量寿佛经》,并翻译《往生论》,昙鸾注解此论成《往生论注》,依《观无量寿佛经》昼夜专修,并据《十住毗婆沙论》的"难易二道说",主张往生净土为易行道的他力本愿说,在北方的并州摄受许多愿生的修净行者。周隋之际,慧远、灵裕、吉藏、法常等大师,分别注疏《无量寿经》《观无量寿佛经》;智𫖮、道基、智俨、迦才等亦著书注解净土三经,倡导弥陀信仰,提出各种理论,如解释佛身、佛土等问题。

唐代时则有道绰继承昙鸾,教导信众持名念佛,不向西方涕唾、便利、坐卧。曾经讲演《观无量寿佛经》近二百遍,著有《安乐集》阐述其义。善导专修十六妙观,并谒见道绰,蒙其教授《观经》奥义,撰写《观经四帖疏》,广陈净土要义，论破诸师异说，又作《净土法事赞》，确定净土宗行仪，巩固净土教义，影响至大。日本法然信奉其说，于日本倡导净土宗，新罗亦有元晓、义湘、法位、憬兴、义寂等，各著论疏，弘扬净土法门。当时在长安一带，亦有靖迈、惠净、圆测、道穗、道间、怀感等，各作疏记，使得研究净土三经的水平达到最高。

唐开元之初，慧日从印度带回梵本，在长安弘传净土法门，强调戒净并行、教禅一致、禅净双修。承远、法照、飞锡等传承此说，以念佛三昧为无上深妙禅。承远造立"弥陀台"专修净土，法照师事承远，创"五会念佛"法，少康于乌龙山建念佛道场，集众念佛。

五代时期，法眼宗的嫡传永明延寿阐明"空有相成"之理，亦鼓吹禅净双修。宋代的天衣义怀、慧林宗本、姑苏守纳、长芦宗赜、黄龙死心等禅宗大德，亦兼修净土法门。居士如杨杰、王古、江公望、王阗、王日休等，都为修持净土法门的成就者。

宋代天台宗学者信仰净土法门者为数甚多，如澄彧、义通、源清、文备、遵式、知礼、智圆、仁岳、择瑛、宗晓等，为净土三经撰写义疏等书。此外元照律师亦为《观经》作疏，自成一家之言，门人戒度等人，随其骥尾，祖述其说。

元代以降，禅净双修之风更甚，中峰明本、天如惟则、楚石梵琦、断云智彻等禅匠，亦都归心于西方净土。至于明代，有楚山绍琦、空谷景隆、古音净琴、一元宗本、云栖袾宏、紫柏真可、憨山德清、博山元来、湛然圆澄、鼓山元贤、为霖道霈等，亦提倡禅净并行。

清代的净土信仰由居士鼓吹，不遗余力，如周克复、俞行敏、周梦颜等，劝说净业；彭绍升、彭希涑等，编辑往生传。此外，实贤思齐继承袾宏的遗风，于杭州结社念佛，大兴教理。其他如行策、续法、明宏、佛安、际醒等，各专修净业，接引学人，无不尽力提倡。近代有印光劝人敦伦尽分、闲邪存诚，深信因果，老实念佛，影响甚深。

净土是大乘诸宗的共同目标，太虚大师曾说"净为三乘共庇"，印顺导师亦说："佛门无量义，一以净为本。"以此推拓，净土法门可成为大乘诸宗的共同目标，尤其是弥陀净土乃释尊极力提倡的大乘法门。圣严法师说："自古以来，弥陀净土信仰盛行于中国、朝鲜、日本、越南，历久弥新；早期的印度及西域，也曾受到广大的欢迎。"可见净土法门的重要性及其影响范围甚广。难怪天台宗第九祖湛然大师会说"诸教所赞，多在弥陀"，这的确可由超过二百九十部言及阿弥陀佛信仰的大乘经论，说明其事实。

七、净土三经的重要注疏著作

（一）无量寿经本经历来的注疏、赞述甚多，兹举较重要者如下：

（1）《无量寿经优波提舍愿生偈》一卷，世亲菩萨造、元魏·菩提流支译。

（2）《无量寿经优婆提舍愿生偈注》二卷，北魏·昙鸾撰。

（3）《无量寿经义疏》二卷，隋·慧远撰。

(4)《无量寿经义疏》一卷，隋·吉藏撰。

(5)《无量寿经宗要》一卷，新罗·元晓撰。

(6)《无量寿经连义述文赞》三卷，新罗·璟兴撰。

(7)《无量寿经释》一卷，日本·源空撰。

(8)《无量寿经甄解》十八卷，日本·道隐撰。

(9)《无量寿经起信论》三卷，清·彭际清述。

(二) 观无量寿佛经

本经注释本历来亦甚多，仅举较为重要者如下：

(1)《观无量寿经义疏》二卷，隋·慧远撰。

(2)《观无量寿佛经疏》一卷，隋·智顗说。

(3)《观无量寿经义疏》一卷，隋·吉藏撰。

(4)《观无量寿佛经疏》四卷，唐·善导集记。

(5)《释观无量寿佛经记》一卷，唐·法聪撰。

(6)《观无量寿佛经妙宗钞》六卷，宋·知礼述。

(7)《观无量寿佛经融心解》一卷，宋·知礼撰。

(8)《观无量寿佛经义疏》三卷，宋·元照述。

(9)《观经扶新论》一卷，宋·戒度述。

(10)《观经义疏正观记》三卷，宋·戒度述。

(11)《观无量寿佛经图颂》一卷，明·传灯述。

(12)《观无量寿佛经直指疏》二卷，清·续法集。

(13)《观无量寿佛经约论》一卷，清·彭际清述。

(14)《观无量佛经笺注》，民国·丁福保注。

(三) 阿弥陀经

本经注释本历来亦甚多，仅举较为重要者如下：

（1）《阿弥陀经义记》一卷，隋智顗说。

（2）《阿弥陀经义述》一卷，唐慧净述。

（3）《阿弥陀经义疏》一卷，唐·窥基撰。

（4）《阿弥陀经通赞疏》三卷，唐·窥基撰。

（5）《佛说阿弥陀经疏》一卷，新罗·元晓述。

（6）《阿弥陀经义疏》一卷，宋·智圆撰。

（7）《阿弥陀经义疏》一卷，宋·元照撰。

（8）《阿弥陀经义疏闻持记》三卷，宋·戒度撰。

（9）《阿弥陀经略解》一卷，明·大佑撰。

（10）《阿弥陀经略解圆中钞》二卷，明·传灯撰。

（11）《阿弥陀经疏钞》四卷，明·袾宏撰。

（12）《阿弥陀经要解》一卷，明·智旭撰。

（13）《阿弥陀经疏钞撷》一卷，清·徐槐廷撰。

（14）《阿弥陀经略注》一卷，清·续法撰。

（15）《阿弥陀经约论》一卷，清·彭际清撰。

从是西方，过十万亿佛土，

有世界名曰极乐，其土有佛，

号阿弥陀，今现在说法。

经句出处

一时佛在舍卫国，祇树给孤独园，与大比丘僧，千二百五十人俱，皆是大阿罗汉……尔时，佛告长老舍利弗："从是西方，过十万亿佛土，有世界名曰极乐，其土有佛，号阿弥陀，今现在说法。"

——姚秦·鸠摩罗什译：《佛说阿弥陀经》

词语解释

佛土：指一尊佛所住的处所，或是所教化的国土，其领域为三千大千世界。　**阿弥陀**：意译为无量寿（Amitayus，音译阿弥多廋）、无量光（Amitabha，音译阿弥多婆），因此，阿弥陀佛也称为"无量寿佛"、"无量光佛"。

经句语译

从此处往西边的方向，经过十万亿尊佛所教化的佛土，有一个世界叫作极乐。这个国土有一尊佛，名叫阿弥陀，如今正在对众生宣讲教义。

经句的智慧

"从是西方"是指方所，远指此土在西方；"过十万亿佛土"是指须经过的佛土数量；"有世界名曰极乐"是显示国名；"阿弥陀"是极乐世界的教主；"今现在说法"表示阿弥陀佛现今正在说法度众。

这个世界为何称为"极乐"？经文说："其国众生，无有众苦，但受诸乐，故名极乐。"又说："极乐国土，七重栏楯，七重罗网，七重行树，皆是四宝周匝围绕，是故彼国名为极乐。"如此殊胜的环境，是修行的绝佳处所；况且教主现今正在度化众生，古代大德曾说："现在说法，漠然不顾；甘堕城东，是则名为可怜悯者。"因为众生与过去、未来之佛，皆未能相逢，现今透过释迦牟尼佛的教示，而得知阿弥陀佛正在极乐世界教化众生，现在如果空过，则为可怜悯者。

随喜思惟读经句

《佛说阿弥陀经》是释迦牟尼佛（释尊）无问自说的一部经典。通常释尊敷演教说前，必有众生请法，释尊才接着说法。不过，这部经典并非如此，可见其殊胜处。释尊为了传达经过十万亿佛土的西方，有一个佛土叫作"极乐世界"，希望他所教化的娑婆众生忻慕此土，而愿意往生。从宗教信仰的立场来说，这是解脱的终极关怀，救度的成效得以豁显出来。这道理很简单，因为西方极乐净土的教主阿弥陀佛现正说法，那里的环境非常理想，适合修习佛法，倘若依循佛力加被，容易成就无生法忍，亲蒙授记，证得佛果。等到自我功夫成就，便能来去自如地倒驾慈航，普度众生。

此句经文还有一个值得提出的问题，即凡夫如何能够往生到遥远的极乐世界。经文说："从是西方，过十万亿佛土。"这么遥远的西方，博地凡夫如何能到？这可从两个立场来看，一是涉及"即心是土，即土是心"，或是所谓"唯心净土，自性弥陀"的说法，这属自力的范畴；一是据弥陀神力加被，则再远的他方世界皆可到达，这属他力的范畴。有关"唯心净土，自性弥陀"的问题，在论述《观无量寿佛经》的"自心作佛，自心是佛"一句时，会再深入探讨。

彼土何故名为极乐？

其国众生，无有众苦，

但受诸乐，故名极乐。

经句出处

尔时，佛告长老舍利弗："从是西方，过十万亿佛土，有世界名曰极乐，其土有佛，号阿弥陀，今现在说法。舍利弗，彼土何故名为极乐？其国众生，无有众苦，但受诸乐，故名极乐。"

——姚秦·鸠摩罗什译：《佛说阿弥陀经》

词语解释

极乐：指阿弥陀佛所摄受的净土。因为在那里的众生没有任何苦恼，故名为极乐。　　**诸乐**：诸，众也；即各种各样的快乐、欢乐。

经句语译

那个佛土为何叫作"极乐"？因为在那个佛国的众生，

没有任何苦恼，只享受着各种各样的快乐，因此那个佛土叫作"极乐"。

经句的智慧

这句经文主要强调极乐世界有各种各样的欢乐，这种欢乐不同于世间的五欲乐。由色、声、香、味、触等所引起之五种情欲，并非真实乐，因为它们无法引领众生解脱生死。反之，在极乐世界的诸种欢乐，却是指引众生趋向涅槃的良药。

日本天台宗学僧源信（惠心僧部，九四二——〇一七）所撰之《往生要集》中，举出西方极乐净土有十种乐：

一、圣众来迎乐：念佛行者临命终时，阿弥陀佛及观音、势至二位菩萨来迎，引领至净土。

二、莲华初开乐：念佛行者往生净土时是托生莲华，故于莲华初开之际，可见净土的种种庄严景象。

三、身相神通乐：念佛行者可得三十二相之身与天眼等五种神通。

四、五妙境界乐：念佛行者可得色、声、香、味、触等五境胜妙。

五、快乐无退乐：念佛行者受乐无穷。

六、引接结缘乐：念佛行者由从前结缘的恩人，亲迎至净土。

七、圣众俱会乐：念佛行者跟众多菩萨俱会于一处之乐。

八、见佛闻法乐：念佛行者得以见佛、闻法之乐。

九、随心供佛乐：念佛行者得以随心供养十方诸佛。

十、增进佛道乐：念佛行者在此佛国，修行精进，终得佛果。

以上十种乐是含括阿弥陀佛所发的四十八大愿的内容。源信做出这样的整理、归纳，易于念佛行者记诵，指引修行要径。

随喜思惟读经句

念佛的目的在于往生西方极乐世界，能够专求的众生，属大乘根器。但是有很多念佛众生，为了求名、求利而念佛，这就不是真念佛人。念佛求生极乐，并非冀于享乐，而是希望障缘不起现行，在殊胜的环境里修行，增长道业。

念佛行者不应贪着世间乐，更不应以念佛名义及表面行径，营取名利。这在佛教叫作贪著名闻利养，名闻与利养都是修道者的障碍，也是造成痛苦的渊薮，宜应避免。

在《法句譬喻经》有一则故事述及苦、乐之别。以前有一个国家名为普安，这个国家的国王曾经宴请邻国的四位国王，他们饮食娱乐、欢乐无比时，普安王忽问四位国王："人居于世间，以什么事为乐？"

其中一王回答："游乐嬉戏，最为快乐。"

另一王回答："跟宗亲故旧在一起聚会，并且听美妙的音乐，是最快乐的。"

第三位回答："多积攒财宝，能够花费无缺，最是快乐。"

第四位回答："爱欲恣情，最为快乐。"

普安王对这四位国王说："你们所说的皆是苦恼之本，忧畏之源，不是真正的快乐。因为前乐后苦，忧悲万端，皆是由此产生的。"他语重心长地说："我以为唯有信奉佛法，远离散乱，在寂静而无求、无欲而能知足的情境下证道，才是世间最为快乐之事。"

佛教所谓的快乐是灭苦转乐，但是世间人则以苦为乐，不知稍纵即逝的五欲乐，其实也是一种苦。这种五欲乐又名"坏苦"，跟西方极乐世界的"极乐"，不可同日而语。因而，念佛的目的在于专求往生西方极乐世界，不是为了求名、求利而念佛；进一步地说，专求往生西方极乐世界，是为增长道业，冀于他日道业成办，倒驾慈航，普度诸有情众生。

极乐国土，七重栏楯，七重罗网，

七重行树，皆是四宝，周匝围绕，

是故彼国，名为极乐。

经句出处

　　舍利弗，极乐国土，七重栏楯，七重罗网，七重行树，皆是四宝周匝围绕，是故彼国名为极乐。又舍利弗，极乐国土，有七宝池，八功德水，充满其中，池底纯以金沙布地。四边阶道，金、银、琉璃、玻璃合成。上有楼阁，亦以金、银、琉璃、玻璃、砗磲、赤珠、玛瑙而严饰之。

——姚秦·鸠摩罗什译：《佛说阿弥陀经》

词语解释

　　栏楯：指建筑物之栏杆，或指围绕树木之栅栏。详言之，纵者为栏，横者为楯。　**罗网**：联结众多宝珠而成的网状物。各宗派的经、论、仪轨等典籍，往往以罗网表示庄严物或供养物。　**行树**：指次第成行而不错乱的树林。　**四宝**：指金、银、琉璃、玻璃等四宝。

经句语译

　　极乐世界的国土，有七重栏楯，七重罗网，七重行树，都是由四宝所形成，这些栏楯、罗网、行树，围绕在国土四周，因此那个佛国叫作极乐世界。

经句的智慧

在《佛说阿弥陀经》里指出极乐世界有七重栏楯、七重罗网、七重行树，皆是由四宝所俶成。另外，在《佛说观无量寿经》第四观的经文亦记载"宝树观"，即观想极乐净土的七重行树，一一树皆高八千由旬（古印度的长度单位），其诸宝树皆具足七宝花叶，一一花叶皆呈现异宝的色彩。

经文里并未具体说明"七重"，唐代善导大师（六一三—六八一?）所撰的《观无量寿佛经疏》认为七重并非七列宝树，而是指一树而言，此宝树以黄金为根，紫金为茎，白银为枝，玛瑙为条（干），珊瑚为叶，白玉为华（花），真珠为果。而且，如此七重，互为根茎，乃至华果等，共有七七四十九重。除此之外，每棵树虽说由四宝或七宝所俶成，但实际而言，每树或只有一宝，或二宝、三宝、四宝，乃至百千万亿不可说宝，各具不同情况。

根据善导大师的阐述，约略可以"想象"极乐世界的七重栏楯、七重罗网、七重行树的景况，这多少也帮助我们在观想极乐世界时，理路清楚可循，不致误入魔网。

随喜思惟读经句

众生在婆婆世界的六道里轮回，无有出头的一日，因而应当发愿往生极乐世界，那里的环境殊胜，没有障缘，修行容易成功。反之，在娑婆世界修行，有诸多障缘，容易使道心退转。然而，往生西方极乐世界须发大乘心，才能与净土相应。发大乘心者，了知诸法缘生的道理，知一切万法是由众缘和合而成。依此推论，佛法的一切施设、一切言说，不可亦不须妄做分别，所谓"法无高下，应机者妙"，佛心如雨，三草二木，同得滋润，无有差别。

阿弥陀佛依其本愿，而成就极乐世界的依正庄严，他安立这样殊胜的净土，为了普度一切发大乘心的行者。太虚大师（一八八九—一九四七）曾在《往生净土论讲要》里说："细考诸佛安立净土，释迦世尊说净土法门，虽附有令众生厌苦欣乐之意，然非佛建立宣说净土之本意，佛之本意在为真正发大乘菩萨心者安立宣说也。"因为已发大乘心的众生亦有退堕的违缘，有坏失大乘心的危险；而欲保持不退，实非易事。对此太虚大师直言："对此已发大乘心而未能不退之菩萨，究以何法慈悲护念，而使其已发之大乘心不致有失坏退堕之危险？因此诸佛以欲护念如此已发大乘心未能不退之菩萨故，遂安立清净庄严之国土。"可见，阿弥陀佛安立的净土，为的是接引大乘行者。这么说来，七重栏楯，七重罗网，七重行树，都是为了接引而所做的施设，如依大乘诸法缘生的道理，栏楯、罗网、行树不可说其有，亦不可说其无，亦有亦无，非有非无，当吾人观念西方极乐世界时，当如是观，如是念！

众生闻者，应当发愿，

愿生彼国，所以者何？

得与如是诸上善人俱会一处。

经句出处

舍利弗，极乐国土，众生生者，皆是阿鞞跋致，其中多有一生补处，其数甚多，非是算数所能知之，但可以无量无边阿僧祇说。舍利弗，众生闻者，应当发愿，愿生彼国，所以者何？得与如是诸上善人俱会一处。

——姚秦·鸠摩罗什译:《佛说阿弥陀经》

词语解释

发愿：许下心愿，发起誓愿的意思。 **上善人**：上善之人，即已证得各种阶位（道果）的菩萨。

经句语译

十方世界的一切众生听闻这样殊胜的法门，应当发愿往生阿弥陀佛的佛国。为什么呢？因为可以跟上善之人相处，共同生活，相互交往，学习经教。

经句的智慧

修行的过程里，发愿是件非常重要的事。因为发愿是发起追求无上佛道及普度众生的誓愿。希望行菩萨道的大乘行者能够"上求佛道，下化众生"，就是发大愿，起无上菩提之心。

中国净土宗的倡始者昙鸾大师（四七六—五四二）在《往生论注》曾经提出"往相回向"及"还相回向"的说法，将自己的修行功德回向给自己跟他人，愿共往生极乐净土，称为"往相回向"；往生净土的圣贤，已成就方便力，兴起大悲心，返回娑婆世界，济度一切众生，共向佛道，称为"还相回向"。在净土法门的教义里，发愿往生极乐净土，并将自己的念佛功德回向给众生，愿共同往生，是一再被强调的修持要义。

念佛行者在娑婆世界，应当跟随佛陀的教示来学习，舍弃恶缘，循行善业。因而往生极乐世界的众生，皆是听从佛陀的教法，而获生极乐世界，并继续在极乐世界跟随阿弥陀佛参学。在这个国度的众生皆是上善者，平时俱会在这里，以佛为师，亲近慈容，闻第一义，速证无生法忍。然后成就一切法门，游戏神通各个佛土，乃至回入三途六道，舒光破暗，救度苦恼众生。

随喜思惟读经句

真信切愿是往生极乐净土的必备条件，也是念佛法门的真实义。发愿往生，才能与阿弥陀佛的四十八大愿互相感应，借由佛力加被，而往生极乐世界。否则，在娑婆世界轮回，仅凭自力而想要了脱生死，是件非常困难的事，一旦丝毫惑业未尽，便会继续在六道里轮回。净土法门常举《那先比丘经》的一则故事，来比拟阿弥陀佛的愿力得以加被我们的无量罪业，令我们带业往生。故事是这样的。有一位国王问那先比丘说："念佛则能带业往生，这是件难以令人相信的事。"那先问国王说："大王，如果有一块很大的石头放在水上，它会沉入水底吗？"王说："当然。"那先接着说："有任何方法能使这块石头不沉吗？""不可能的。"国王毫不思索地回答。那先说："如果将这块大石放在巨船上面，不就可以了吗？"

国王恍然领悟，如果倚仗外在的力量，自然可以不让石头沉入水中。相同的道理，念佛众生如果仰仗弥陀大愿船之力，便能出离苦海，共赴莲池海会。所以净业行人只要信坚愿切，一心念佛，临终决定往生。

极乐国土，有七宝池，八功德水，

充满其中，池底纯以金沙布地。

四边阶道，金、银、琉璃、玻璃合成。

经句出处

舍利弗，极乐国土，有七宝池，八功德水，充满其中，池底纯以金沙布地。四边阶道，金、银、琉璃、玻璃合成。上有楼阁，亦以金、银、琉璃、玻璃、砗磲、赤珠、玛瑙而严饰之。池中莲花大如车轮，青色青光、黄色黄光、赤色赤光、白色白光，微妙香洁。舍利弗，极乐国土，成就如是功德庄严。

——姚秦·鸠摩罗什译：《佛说阿弥陀经》

词语解释

七宝：指七种珍宝，在佛教经典里的说法不一，《佛说阿弥陀经》则为金、银、琉璃、玻璃、砗磲、赤珠、玛瑙等。 **玻璃**：本作"颇梨"，光莹如水，坚实如玉，意译水玉、白珠、水精（晶）。

经句语译

在极乐世界的国土里，有七宝所构成的水池，池水充盈满溢，且具有八种功德，水池底部皆由精纯的金沙铺盖。在水池四周的台阶和便道，是由金、银、琉璃、玻璃和合而成。

经句的智慧

蕅益大师（一五九九——一六五五）在《弥陀要解》里对这节经文的解释，甚为精当扼要，他指出这里所欲表明的是往生处所的境况与实况，宝池是由金银等所化成。更有甚者，"八功德水"具有以下的特性：

一、澄清，异此方浑浊；

二、清冷，异寒热；

三、甘美，异咸淡劣味；

四、轻软，异沉重；

五、润泽，异（缩）腐褪色；

六、安和，异急暴；

七、除饥渴，异生冷；

八、长养诸根，异损坏诸根，及渗戾增病没溺等。

"八功德水"充满于池中，不会枯竭，也不会泛滥。池底全是铺满金沙，表示有别于污泥；四周的通道台阶，皆由金、银、琉璃、玻璃合并组成，表示有别于砖石；七宝所筑成的楼阁，表示有别于娑婆世界的土木丹青。而且蕅益大师还特别指出："楼阁是住处，及法会处。但得宝池，莲胞开敷，便可登四岸，入法会，见佛闻法也。"足见，极乐世界是一个理想的修行环境。

有关池中莲花的颜色，蕅益大师如此阐述："青色名优钵罗，黄色名拘勿头，赤色名钵头摩，白色名芬陀利，由生身有光，故莲胞亦有光。然极乐莲华，光色无量，此亦略言耳。"优钵罗即是青莲花，拘勿头即是黄莲花，钵头摩即是红（赤）莲花，芬陀利即是白莲花。因为往生的众生皆已得不退转，证得无生法忍，因而身上有光，连带使受生的莲胞也会发出光亮。在极乐世界的莲花，发出的光色不可计算，因而这里所说的四种色只是简略的说法而已。

最后，所谓"微妙香洁"，蕅益大师解释说："质而非形曰微，无碍曰妙；非形则非尘，故洁也。莲胞如此，生身可知。"这是对正报庄严的表诠，而且"非形"而"无碍"的"存在状况"，恐怕不是人道众生所能体会的吧！这样的"存在状况"具有离尘无染，极为光洁的特性。

随喜思惟读经句

从这段经文得知往生极乐世界是在莲花里化生出来，每位行者的修持功行深浅，决定自己的莲花种类及大小。而且即使下品下生，亦都强过继续在六道里轮回。

撰有《莲宗宝鉴》的优昙普度法师（？——三三〇）尝云："宁可九莲居下品，不来人世受胞胎。"这是劝诚世人，如果厌患胞胎，便须勤恳念佛，如能一心念佛，必定莲花化生。往生后得以在殊胜的极乐国土继续修行，那儿有七宝池、八功德水，帮助行人增长功行。

《佛祖统记》记载了这么一则故事：宋代时，有位官宦夫人王氏专修净土法门，昼夜不间断。王氏除自己修习外，也引领她的侍女一起发愿求生西方净土。有一天，其中一位侍女告诉其他人说："我要走了！"当天夜里大家都闻到异香满室，而该女无疾往生。隔天晚上，夫人梦见那位侍女向她致谢，因为王氏的带领修习，而使她得以往生西方净土。王氏乃问："我可以到西方净土吗？"侍女便引导她往前行走。

没多久，王氏就看到莲华池，池中莲，其中大大小小交错，有些美妙茂盛、有些则枯萎凋黄。王氏问其原因，侍女答说："世间修行净土法门的人，只要发一念，七宝莲池便会生出一朵莲华，然而因各人用功的勤惰不同，莲华的展现出来的状态也不会相同，精进的人其莲华美丽，怠惰的人则凋残。"王氏隔日醒后，更加精进勤奋地修行净土法门，称念佛法号。

这个记载如果真实，我们可以断言极乐世界有无数不同种类的莲花，以及八功德水的确殊胜。

彼佛国土，常作天乐，黄金为地，
昼夜六时，雨天曼陀罗华。

经句出处

舍利弗，彼佛国土，常作天乐，黄金为地，昼夜六时，雨天曼陀罗华。其土众生，常以清旦，各以衣裓盛众妙华，供养他方十万亿佛，即以食时，还到本国，饭食经行。舍利弗，极乐国土，成就如是功德庄严。

——姚秦·鸠摩罗什译：《佛说阿弥陀经》

词语解释

六时：将一昼夜分为六时，即晨朝、日中、日没（以上为昼三时）、初夜、中夜、后夜（以上为夜三时）。 **曼陀罗华**：天界的花名，为四种天华之一。

经句语译

在阿弥陀佛的国土里，常有美妙的音乐演奏。这个国度的土地全以柔软的黄金化成，每天二十四小时，会如雨下般地飘洒曼陀罗花。

经句的智慧

这里的要义是极乐五尘的殊胜境界；这是有别于娑婆世界。经中举出"天乐"即是声尘；"黄金为地"的"地"即是色尘；"曼陀罗华"的"华"即是色、香二尘；"食"即是味尘；"盛华"、"散华"及"经行"即是触尘。这是众生五根对五尘的情况，极乐众生的五根受用这些殊胜，能引发念佛、念法、念僧之心。

"常作天乐"的"常作"亦可视为"六时不辍"。而且"乐"有二义，一是天人之乐，是诸天奏乐，供养弥陀及海会圣众；二是天然之乐，这种音乐不假人力，自然敷奏。不但其音甚美，且能令听者自然地念三宝。"昼夜六时"，表示没有间歇。"曼陀罗华"的意思是"适意"，此种花色香美妙，适悦人意。此花又叫作"白华"，清白洁净，世所未有，也就是一般所言的天华，是天人所雨，以表供养之意。"供养他方，十万亿佛，即以食时，还到本国"，表明极乐世界的众生皆具有神足通，故能在一瞬间到他方世界供养十万亿佛，又即刻回到极乐国。

"饭食经行"是指受斋之后，一心行道。极乐世界是法界理体的存有，因而众生心念食物时，食物自然变现在眼前，通常说这是受天然饮食之乐，不假安排造作。而且用完餐后，钵自然隐化而去，不劳洗涤举拭。当然，这主要强调在极乐世界的众生，没有尘缘障道之苦。

随喜思惟读经句

"饭食经行"其实是寻常的生活日用之事。不过，我们应当明了，生活日用之中，头头是道。古德曾说："运水搬柴，无非妙用。穿衣吃饭，尽是禅机。"极乐世界的平时作务，是实相理体、清净圆妙的不可思议境界，所以饮食器用不假安排造作，这真是神通变化无穷啊！唐代著名的在家禅者庞蕴居士（？—八〇八）曾说："神通并妙用，运水与搬柴。"在禅师们眼里，"神通妙用"跟"运水搬柴"是二而不二，不是两样事情。

可见禅净是可以相通的，即净即禅，即禅即净，在殊胜的极乐世界便能轻易体悟这种"日用事无别"，因为眼见色是日用事，耳闻声是日用事，鼻嗅香是日用事，舌噉味是日用事，以至身觉、触意、杂思是日用事，乃至八万四千诸尘劳应用等皆是日用事。在"日用事"中体悟真常，证悟真如佛性。

是诸众鸟，昼夜六时，出和雅音。
其音演畅五根、五力、七菩提分、
八圣道分，如是等法。

经句出处

彼国常有种种奇妙杂色之鸟：白鹤、孔雀、鹦鹉、舍利、迦陵频伽、共命之鸟。是诸众鸟，昼夜六时，出和雅音。其音演畅五根、五力、七菩提分、八圣道分，如是等法。其土众生，闻是音已，皆悉念佛、念法、念僧。

——姚秦·鸠摩罗什译：《佛说阿弥陀经》

词语解释

五根：眼根、耳根、鼻根、舌根、身根，亦即视觉、听觉、嗅觉、味觉、触觉。　**五力**：信力、精进力、念力、定力、慧力，此五者均有破恶之力。　**七菩提分**：又称"七觉支"，即念觉支、择法觉支、精进觉支、喜觉支、轻安觉支、定觉支、舍觉支。　**八圣道分**：又称"八正道"，即正见、正思惟、正语、正业、正命、正精进、正念、正定。

经句语译

这些鸟儿每天昼夜不间断地唱出和谐雅正的歌曲。这些声音不但美妙，而且能演说五根、五力、七菩提分、八圣道分等修道方法。

经句的智慧

极乐世界的各种奇妙鸟类，能够宣流法音，演说五根、五力、七菩提分、八圣道分等修持法要。这里有两个要点须作出说明，一、三十七道品跟本经所提的二十五道品的关系；二、三十七道品跟大乘法的关系。

在本处经文所言的五根、五力、七菩提分、八圣道分皆包含在三十七道品之内，但五根、五力、七菩提分、八圣道分总共只有二十五道品，其中少了四念处（身念处、受念处、心念处、法念处），四正勤（已生恶令永断、未生恶令不生、未生善令生、已生善令增长），四如意足（欲如意足、精进如意足、念如意足、思惟如意足）等十二道品。为何在《佛说阿弥陀经》里少举这十二道品，依据会性法师（一九二八—　）的说法，其原因有二："一、彼土众生莲花化生，非如娑婆四大五蕴假合，故不须观身不净；无有众苦，但受诸乐，也不必观受是苦等，故不用四念处。彼土昼夜悠游法海，受佛教化，纯善无恶，不须断恶修善，不必四正勤。前二种既免，四如意足含在经文中，亦略之，只说五根五力等。二、或有说，但略而未举。总之，视众生而定，欲闻得闻，并非全无，含在'如是等法'内，勉励初往生者。"

有关第二个问题，三十七道品跟大乘法的关系，三十七道品通常被认为是小乘教法，但是极乐世界相应于大乘根机，为何《佛说阿弥陀经》会演畅不对机之法？实则，三十七道品也能通向大乘。例如《大智度论》便认为，三十七道品，无所不摄，即使无量道品，亦含摄在其中。《涅槃经》也曾指出，若有人能观八正道，即见佛性，名得醍醐。这些说法都是认为三十七道品能通向大乘的明证。

随喜思惟读经句

阿弥陀佛以种种奇妙杂色之鸟宣流法音，令往生极乐世界的众生皆生念佛、念法、念僧之心。星云法师（一九二七—）曾在其《人间佛教论文集·下册》之"佛教与自然生态（上）"一文里说："佛陀和祖师大德经常随手拈来，运用身边的事物作为启发后学的契机，一些动物也因此扮演着重要的角色。"他又举出几个故事，其中一个故事是这样的。

佛陀有一位弟子，每天在水边树下打坐参禅，精进自励，然而十二年来不但未能开悟证道，更是妄想纷驰，心中充满了贪嗔痴等烦恼。一天夜晚，这位弟子又在树下打坐，佛陀愍念他殷诚精进的向道之心，有心帮助他，便来到树下与他一同禅坐。到了半夜，有一只乌龟爬行到树下，正好有一只水狗出来觅食，看到乌龟，便想吃它，乌龟赶紧把头尾及四肢都缩进龟壳里，水狗莫可奈何，乌龟因此保全性命。

佛陀转身对身旁的弟子说："这只乌龟因为懂得借龟壳来保命，所以水狗无法伤害它。世人反而不如这只乌龟，他们不知道无常正像水狗一样，随时环伺在侧，恣情放纵眼耳鼻舌身意等六根去追逐五欲六尘，使得外魔能够得便，侵害生命。"

佛陀接着又说了一首偈语："藏六如龟，防意如城，慧与魔战，胜则无患。"经过佛陀的启发，这位弟子终于如梦初醒，豁然开通。

可见，极乐世界的种种奇妙杂色之鸟，也是助道之缘，具有启发行者的功能。然而，这些奇妙杂色之鸟，实是阿弥陀佛变化所作。这点在下一句将有所阐述。

彼佛国土，无三恶道。舍利弗，
其佛国土，尚无恶道之名，何况有实。

经句出处

舍利弗，汝勿谓此鸟，实是罪报所生，所以者何？彼佛国土，无三恶道。舍利弗，其佛国土，尚无恶道之名，何况有实。是诸众鸟，皆是阿弥陀佛，欲令法音宣流，变化所作。

——姚秦·鸠摩罗什译：《佛说阿弥陀经》

词语解释

三恶道：指地狱道、饿鬼道、畜生道等三道。

经句语译

阿弥陀佛的国土没有地狱、饿鬼、畜生这三恶道。舍利弗啊！这样的国土连恶道的名称都听不到，何况还有实际存在的恶道众生。

经句的智慧

在前一句经典里曾指出在西方极乐国土里，白鹤、孔雀、鹦鹉、舍利、迦陵频迦、共命鸟等奇妙的鸟类，能演说五根、五力、七菩提分、八圣道分等修道方法。极乐世界的众生听到这些美妙动听的法音之后，都自然而然地生起念佛、念法、念僧的道心。因而，在这一句经典里，接着说明这些鸟类是如何产生？从何而来？

一言以蔽之，是透由阿弥陀佛的愿力所变现出来的。那么，这里便有几个较为重要的意涵：

一、在《佛说无量寿经》里，曾提及阿弥陀佛于因地发了四十八大愿，第一愿谓："设我得佛，国有地狱、饿鬼、畜生者，不取正觉。"如今阿弥陀佛已成正觉，因此在极乐国土里，三恶道的名称尚且听闻不到，何况实存的众鸟！试问，鸟从何而来呢？这答案不辩自明，来自于阿弥陀佛的愿力。

二、释迦牟尼佛特别再次叫舍利弗的名字，就是为了诫示他，要他不要误认这些"众鸟"跟娑婆世界的众生一样，是由五阴组合而成，甚至是因罪报而获此畜生身。总之，这些鸟类非但不同人间之鸟，随业受生；也不同于天上之鸟，虽能说法，仍然属于六道众生，为业报所生。

三、从这句经文的意思看来，化鸟是从如意珠王所涌现的光明所变现而出的，这如意珠的光明也是弥陀化身，因而化鸟如微妙光，游诸四化，欲见则见，不见则隐。

这句经文的重点在于说明化鸟的"出处"。化鸟从何而来，是修持净土法门的行者所不能不知的。

随喜思惟读经句

莲池大师（一五三二——一六一二）在其《往生集》里有一则故事，记载唐代的法祥法师住在扬州的大兴国寺，三十年来专修净业，期望安养于极乐国。平时凡有饶益众生的事，必定回向到西方极乐世界，以作为往生资粮。后来因疾病缠身，所以更加用心地称佛名号，且声音高亢。他的弟子在他临终往生的时候，看见房屋的西面墙壁像镜子般有一道光，且在这面墙壁上变现出极乐净土的形相，且有迦陵频伽振翅鼓翼。在这当下，法祥法师瞬间往生。

法祥法师为何见到迦陵频伽，而不见阿弥陀佛？实则众鸟是阿弥陀佛变化所作。因此，念佛行者倘若也有此悟证，其念佛功力则不可小觑。

彼佛国土，微风吹动，诸宝行树，

及宝罗网，出微妙音，

譬如百千种乐，同时俱作。

经句出处

舍利弗，彼佛国土，微风吹动，诸宝行树，及宝罗网，出微妙音，譬如百千种乐，同时俱作。闻是音者，自然皆生念佛、念法、念僧之心。舍利弗，其佛国土，成就如是功德庄严。

——姚秦·鸠摩罗什译：《佛说阿弥陀经》

词语解释

行树：指次第成行而不错乱的树林。 **宝罗网**：联结众多宝珠而成的网状物。各宗派的经、论、仪轨等典籍，往往以罗网表示庄严物或供养物。

经句语译

在阿弥陀佛的极乐国土里，常有微妙清风，吹动了"七宝行树"及"七宝罗网"，使得树叶与罗网彼此之间，相互摩擦而发出种种微妙的声音，这好比百千种乐器同时演奏。

经句的智慧

这句经文的主要教旨在于告诉我们，这宇宙间无论是有情或是无情，皆能宣说微妙法音。所谓的"有情"指上文所言的众鸟；所谓"无情"指本文所言的风树、罗网。极乐净土的微风令人感到无比舒畅，轻清柔和，跟娑婆世界因众生业力所感，常有冷风、热风、暴风、台风……非常不同，二者优劣立见。

微风吹向宝树、宝网，铿然有声，好比百千种音乐同时响起。这种乐音远胜于现今交响乐团所演奏的音乐。听到这种美妙乐音的众生，都会自然而然地升起念佛、念法、念僧的心念。

当各种微妙法音同时俱作，众生升起念佛、念法、念僧之心，表示心中升起正念。因为"佛"是福慧两足，能作众生导师，故念佛即为正念；"法"好比妙药，能治众生心病，故念法即为正念；"僧"能够信解佛法，修持证果，作为众生的模范，故念僧即为正念。众生在娑婆世界因有种种障缘，无法时时保持正念，但在极乐世界，因环境殊胜，能产生增上缘，保持正念。

此外，在临终之际，念佛行者如果能够保持正念，往生极乐世界则有把握。正念往生是净土法门的要旨，也是依《佛说阿弥陀经》的教示而立说，心不颠倒而一心念佛，得以往生佛国。这即是正念往生，保持正念的重要性在此，修持净土法门的行者不可轻忽。

随喜思惟读经句

有情说法是较容易为人所理解，但无情说法则较难体会。一般总是认为无情的事物，何以能够说法？但依佛法的见解，有情与无情是共为一体的，只是迷者茫然罔觉，悟者豁然切入。我们须放宽心量，面对宇宙间的任何人、事、物，十方法界的一切存在，莫非法的显现。能否体会端看个人的悟性。

宋代的圆悟克勤禅师曾说："墙壁瓦砾以无情说法，水鸟树林演苦空无我，是由依一实际，发无缘慈，于寂灭大宝光，显无作胜妙力。"具有悟性的众生，懂得无情说法，便能生起智慧，并对万物发起"无缘大慈，同体大悲"的情怀。现今讲求环保，未来人类的生存维系于环境保护工作是否落实，我们平日所消费的物品，都是从质朴的大自然里得来。如果我们能够细细思量，被污染的环境已在为我们"说法"。

彼佛光明无量，照十方国，
无所障碍，是故号为阿弥陀。

经句出处

舍利弗，于汝意云何？彼佛何故号阿弥陀？舍利弗，彼佛光明无量，照十方国，无所障碍，是故号为阿弥陀。又舍利弗，彼佛寿命，及其人民，无量无边阿僧祇劫，故名阿弥陀。

——姚秦·鸠摩罗什译：《佛说阿弥陀经》

词语解释

无量：不可计算、限度，也指佛德无限。　**十方：**指东、西、南、北、东南、西南、东北、西北、上、下等十方。

经句语译

西方极乐世界的那尊佛具有无量无边的清净光明，普照十方佛国，没有任何障碍，因此称为阿弥陀。

经句的智慧

这节经文主要介绍释迦牟尼佛教示娑婆世界的众生，在西方极乐世界的阿弥陀佛能发出无量光明，照射众生，令众生离苦得乐。阿弥陀佛的光明普照十方世界，因此他又称为"无量光佛"、"无边光佛"、"无碍光佛"、"无对光佛"、"炎王光佛"、"清净光佛"、"欢喜光佛"、"智慧光佛"、"不断光佛"、"难思光佛"、"无称光佛"、"超日月光佛"。

经文又说，凡被阿弥陀佛的光明所照临，在现世即可消除三毒烦恼；如果是在三涂苦的众生，能够因此而远离苦恼；寿终之后，即能解脱，往生净土。阿弥陀佛的光明显赫，不只是释迦牟尼佛赞叹，一切诸佛、诸声闻、缘觉、菩萨等众圣，也都共同赞叹。假若众生在听闻诸佛、诸圣赞叹阿弥陀佛之后，能够日夜称扬念佛，便能随着众生的意愿而往生极乐国。阿弥陀佛的光明能够独胜于他佛，乃因他的誓愿，在酬因感果的修道过程里，成就光明无量的佛身，因此他具有与诸佛不同的殊胜光明。

随喜思惟读经句

印光大师（一八六一——一九四○）曾经说过一则有关佛光加被，而免去劫难的故事。

公元一九三○年，苏州有一位年轻人，曾陪伴家中的老人来到报国寺，请求印光大师给予皈依。当时印光大师跟他说，现在是一个患难世道，应当时常念佛及观世音菩萨的圣号。隔年，他前往上海，遇到战事发生，无法回苏州，过年的时候战事仍未停止，而且火车已断，因此坐轮船绕道嘉兴回苏州。这一路上，有许多强盗抢劫，他因此常常默念观世音菩萨的圣号。到了夜晚，强盗来劫，他在下舱，强盗在上舱搜刮完后便到下舱。不过一船人通通抢光，唯他一个人没被强盗盘问。印光大师说，这即是佛光加被，所以强盗看不见他。

这则故事，印证了《佛说无量寿经》所教示的，念佛行者能够受到佛光加被，远离苦厄。净土法门有一首"赞佛偈"，充分表达了阿弥陀佛的光明，慈悲摄受无量无边的众生："阿弥陀佛身金色，相好光明无等伦。白毫宛转五须弥，绀目澄清四大海。光中化佛无数亿，化菩萨众亦无边。四十八愿度众生，九品咸令登彼岸。"

此"赞佛偈"是宋朝择瑛法师（一〇四五—一〇九九）根据净土三经的内涵而作。想修持净土法门的人，如能对此偈颂详加了解，必有助于净业之修持。

彼佛寿命，及其人民，

无量无边阿僧祇劫，故名阿弥陀。

经句出处

舍利弗，于汝意云何？彼佛何故号阿弥陀？舍利弗，彼佛光明无量，照十方国，无所障碍，是故号为阿弥陀。又舍利弗，彼佛寿命，及其人民，无量无边阿僧祇劫，故名阿弥陀。

——姚秦·鸠摩罗什译:《佛说阿弥陀经》

词语解释

人民：指往生到极世界的众生，包括畜生、人、天人、声闻、缘觉、菩萨等。　**阿僧祇**：印度之数位共有六十位，阿僧祇属第五十二位，意译为不可算计、无央数。　**劫**：佛教的"时间"观念，以劫为基础，来说明世界生成与毁灭之过程。

经句语译

西方极乐世界的那尊佛的寿命，以及在这个国土的人民的寿命，都具有无量无边的阿僧祇劫那么长，因此称为阿弥陀。

经句的智慧

上一句经文说明阿弥陀佛的光明无量，这句说明阿弥陀佛的寿命无量，而且往生极乐世界的众生，他们的寿命也是无量。两句合起来，即是说明阿弥陀佛的光明及寿命无量。

阿弥陀佛在因地为法藏菩萨时，曾发四十八大愿，其中第十三的"寿命无量愿"这样说："设我得佛，寿命有能限量，下至百千亿那由他劫者，不取正觉。"日本净土宗总本山知恩院门主坪井俊映长老（一九一四—　）在他的《净土三经概说》里如此解释：无量的寿命是说生命无限，报身常住不变。在娑婆世界，纵使能保持数十年、数百年的长寿，但经年累月之后，不免衰老变化。然而，佛是超越生老病死四种苦相，常住不变的实在者。因此，称他为无量寿。寿命无量、光明无量，是佛的两种殊胜德相，佛虽有其他无数功德，但以此二德即可代表其他一切功德。光明无量是空间无限，遍照十方世界，表示利益诸般众生；寿命无量是时间无限，表示永远救济众生。

随喜思惟读经句

追求生命永驻，人人向往。但在这世间，谁人无死？

中国净土教门的大师昙鸾曾因为过度疲累，身体发生不适，深深感觉人命危脆，生死无常，故欲寻长生不死的仙方。因而，毅然决然地离开五台山，造访江南隐士陶弘景（四五二—五三六）学习长生不老的仙术。他携带陶弘景赐赠的《仙经》返回北魏，行经洛阳时，在白马寺遇到菩提流支，并向菩提流支质问："佛法中颇有长生不死法，胜此土仙经者乎?"菩提流支听闻此语，便唾地向他斥责，随后授与《观无量寿佛经》，并嘱咐"此大仙方，依之修行，当得解脱生死也"。

另外，菩提流支还赠予他所译之《无量寿经优婆提舍愿生偈》（又名《往生净土论》《往生论》《无量寿经论》《愿生偈》等），昙鸾顶礼接受，于是"烧仙方，专弘净土"。这时昙鸾大约五十五岁左右，他从此之后，勤修净土教门，并成为一代宗师，他的立说对净土教门的成立有相当的影响。

极乐国土，众生生者，
皆是阿鞞跋致，其中多有一生补处。

经句出处

舍利弗，彼佛国土，成就如是功德庄严。又舍利弗，极
乐国土，众生生者，皆是阿鞞跋致，其中多有一生补处，其
数甚多，非是算数所能知之，但可以无量无边阿僧祇说。

——姚秦·鸠摩罗什译:《佛说阿弥陀经》

词语解释

阿鞞跋致:指不退转、无退、必定，即不会从所证得的
菩萨阶位退堕至恶趣或二乘地（声闻、缘觉）。 **一生补
处**:指菩萨的最高果位，来生必定可以成佛。

经句语译

凡是往生到极乐国土的众生，都能达到"不退转"的
修行果位，其中还有很多是"一生补处"的大菩萨果位。

经句的智慧

阿弥陀佛的第二十二愿"一生补处愿"又称作"必至补处愿"、"摄他国菩萨愿"、"令至补处愿"、"菩萨究竟一生补处愿"、"还相回向愿",表示阿弥陀佛愿他方国土的菩萨,来生极乐国土,除了他的本愿,自在地到十方世界度化众生、不愿来生成佛之外,皆能证得一生补佛处的阶位。

十方世界众生,如能依念佛法门修行,一旦往生到西方极乐世界,都得不退转。细分"不退转",又可分为三种意涵:一、位不退——预入圣流,也就是说往生到极乐世界的众生便已进入圣人流类,不再退堕到凡夫地。二、行不退——恒常度化众生,不再退堕到二乘地。这类往生的众生都具有大乘根性,修菩萨行,不堕自了汉。三、念不退——心心流入萨婆若海,梵语"萨婆若",此云"一切种智",即佛的果海。这类往生的众生能够念念趣入佛果,必定成就。

为何往生极乐世界便能获证不退转呢?智者大师(五三八—五九七)的《净土十疑论》举出五种原因:一、常得阿弥陀佛大悲愿力,护念加持,故不退转;二、佛光常照,菩提心常增,故不退转;三、水鸟、树林、风吹、乐响,皆演法音,悠游法海,闻者常起念佛、念法、念僧之心,故不退转;四、在极乐世界皆能跟上善人(菩萨)以为良友,环境纯善,无恶缘境,外在方面没有鬼神骚扰,内在方面没有贪嗔痴三恶毒,烦恼毕竟不起,故不退转;五、往生极乐世界后，寿命与佛齐等，能够一生成办，故不退转。

依照这三不退转的教说，我们可以进一步推论，无论上、中、下品，但得往生者，一概皆是阿鞞跋致。而且，渐进而修，最后必能圆证"三不退"，达到一生补处的阶位。因此，有说"一生补处"是圆证三不退的别名，道理在此。

随喜思惟读经句

如果以常途的法门而观，修持至成佛，须经三大阿僧祇劫。但尤须注意的是，这三大阿僧祇劫是从十位信满，进入初住才开始算起。换言之，尚未到这个修道位，所修的历程皆不算，因为尚在六道里载浮载沉。但是如以特别法门的净土教学而观，一旦往生西方极乐世界，便不再轮回，已脱离分段生死，进入变易生死。在欲界、色界、无色界的三界里生死轮回，称为分段生死；跳脱轮回的圣者，能依自己的大悲愿力，转变分段生死的粗报身为变易身，这类圣者常回入三界，长时间地修持菩萨行，以证入无上菩提。

往生极乐世界的众生，是莲华化生，跳脱轮回。他们一进入极乐世界伊始，便是进入修道位，不再退转。即往生的众生，起码获证位不退，断除见惑，成为初果圣人，不再堕入凡夫位，并且渐次修持，接续证入行不退、念不退。

这些圣者依自己的大悲愿力，回入十方世界，乃至娑婆世界，普度有情众生，直到一生补处的最后身。古代大德常依此而赞叹阿弥陀佛所摄受的极乐世界以及他所开立的法门，是不可思议的无上功德。不过，由于这是特别法门，因而相信的人渺小，怀疑的人甚多。

信仰须讲求因缘，净土教学所开立的救度事宜，唯"信"者当之！信仰与迷信不同，信仰经得起怀疑，法国著名作家，曾获得诺贝尔文学奖的罗曼·罗兰（Romain Rolland，一八六六—一九四四）说："怀疑与信仰，两者都是必需的。怀疑能把昨天的信仰摧毁，替明天的信仰开路。"又说："信仰不是一种学问，信仰是一种行为，它只被实践的时候才有意义。"信仰净土教学的行者，试思之！思之！

不可以少善根、福德因缘，得生彼国。

经句出处

舍利弗，众生闻者，应当发愿，愿生彼国，所以者何？得与如是诸上善人俱会一处。舍利弗，不可以少善根、福德因缘，得生彼国。

——姚秦·鸠摩罗什译：《佛说阿弥陀经》

词语解释

善根：能够令行者产生善法，无贪、无嗔、无痴是善根之体，合称为三善根。　**福德**：指因过去或现世所做的善行而得福。

经句语译

众生不可缺少善根、福德等种种因缘，才能够往生到极乐世界。

经句的智慧

往生极乐世界的众生不可缺少善根、福德。菩提正道名为"善根"，这是"亲因"；种种修道助缘，如布施、持戒、忍辱、精进、禅定，则为"福德"。通常，在佛教教义里认为，声闻、缘觉因为少大悲心，但成自利，属于菩提善根较为薄弱的一群；人天的福德是有漏业，不出轮回，仍是三界所造之业，所以其福德较为少欠。以上两类众生，如果依自力的方式修持，都无法往生净土。唯有信愿持执名号，借由阿弥陀佛的无量功德，方可往生极乐世界。

这句经文的主要教示在于说明，凡夫浅智，常执着于人大有漏之业，并且常常在这有漏业之中，谈论个人的福德有多少。殊不知人天的善根、福德，仍然属于少善少福，尤其尚不能超出轮回，只得人天果报而已。好比梁武帝（四六四—五四九）曾因自己建寺度僧无数，而问达摩祖师（？—五三五）自己的功德有多少，达摩祖师回答他说"无有功德"。道理即在于此。

随喜思惟读经句

梁武帝心中乐善，喜爱修行。相传他当皇帝后，一直想使自己的皇位长久、代代相传。他礼拜志公禅师为国师，有一天，梁武帝向志公禅师请益："寡人今作一朝人主，未知前世功德为何而来？"志公禅师回答："皇帝前世是个樵夫，有一次上山砍柴，遇到大雨，跑进一座破败的古庙里避雨。

这座古庙长年失修，佛像被风吹雨淋，你看到后发起善心，就将自己唯一的草帽遮盖佛身挡雨。佛以天眼观看：此人能有善心，善哉善哉！贫苦布施甚为稀有，我便该他来世在人间作帝王吧。"

武帝听后，心中欣喜，心忖：一顶草帽就能获得掌管山河之福报，如在全国建庙修佛像，就能永当皇帝。于是敕圣旨遍行天下，五里一庵、十里一寺地大兴佛寺。三年后，武帝再次向志公禅师请益："我如今发大善心，广造庵宇，可以稳坐江山了吧？"志公禅师说："非也，你不但不能长久，还要折寿。"武帝纳闷："此话怎讲？"志公禅师说："我皇前世舍笠盖佛，是无为而做，倾心布施故得大福。但是，这次敕行天下广造庵宇，是有求而做。我皇自己不施财施利，惟使百姓之力，使得全国百姓受苦，怨声载道。"武帝听后，心生惭愧。

凡夫众生喜好执着于杂务之善，虚假之行。若论善根，只有佛、菩萨的大菩提心、大悲心才能称得上是"多善根"。想往生极乐世界，唯有执持名号，因为众生称念，声声具足多善根福德。

一心不乱，其人临命终时，

阿弥陀佛，与诸圣众，现在其前。

经句出处

舍利弗，若有善男子善女人，闻说阿弥陀佛，执持名号，若一日、若二日、若三日、若四日、若五日、若六日、若七日，一心不乱，其人临命终时，阿弥陀佛，与诸圣众，现在其前。是人终时，心不颠倒，即得往生阿弥陀佛极乐国土。

——姚秦·鸠摩罗什译：《佛说阿弥陀经》

词语解释

一心不乱：修持念佛法门时，达到心不散乱，不起妄念的定境。

经句语译

如能达到"一心不乱"的境地，在临命终时，阿弥陀佛与极乐国土的圣众，会出现在行者面前。

经句的智慧

本句经文一开始便提到"善男子、善女人",云栖袾宏大师（一五三二——一六一二）于《阿弥陀经疏钞》里就"善"字举出二义,一为宿生之善因,一为今生之善类,他认为一切男女现今能够听法,必是宿世中积修善根,所以故称为"善男、善女"。

善男子、善女人听闻到阿弥陀佛的名号,并能在心里忆想着阿弥陀佛,口里念着阿弥陀佛,这里所谓的"执持"是固执不动的意思,也就是专心称念阿弥陀佛的名号,让弥陀名号紧系在心,达到一心不乱。因此口中称念佛名,应具有系念于心的功夫,才算正确。

达到一心不乱时,念佛行者于临命终时,阿弥陀佛与西方极乐的菩萨会显现在面前,这位念佛行者因为在这个重要时刻,能够达到心不颠倒妄想,保持净念相继,因而得以往生到阿弥陀佛的极乐国土。足见,临终时能否顺利往生极乐世界,取决于念佛行者是否在此重要关键时刻能够于心中不忘记佛念。

随喜思惟读经句

清代张光纬居士说:"石南和尚偈曰:'念佛切莫贪求多念,只须念一百句而心不散乱即可。虽然念了九十九声,若有一念差池,则前面手持念珠所计的数目都不算。如是从一百句到一千句,从千句到万句,能够像成串的宝珠。如此一心念佛，念到箭射不入、刀不能侵，那么百万魔军自然退败逃窜。'我向来念佛，也只是含糊笼统地念过。至今才知道须字字从心里出，还须字字入心里去。每当念佛时，须先闭目端坐，凝神定虑，心中不可有丝毫杂乱，急躁竞胜的心、昏昧怠惰的心，都不可有。只要开口出声念佛，务必令声从心里发出，心借着口念诵，气息调和，声音和悦，不急不缓，字字分明，句句相续。如果分之，则一字可作一句；连贯起来，则百千句直如一句。如此绵绵密密，从一声以至千万声，自一刻以至于十二时，无断无续、不缺不漏。久而久之，自然纯熟，华开见佛，到时自己验证，绝不诳骗人。"

张居士是念佛的成就者，他的开示简易明了，修持念佛法门的行者可在此参求。

释迦牟尼佛能为甚难希有之事，
能于娑婆国土，五浊恶世，劫浊、
见浊、烦恼浊、众生浊、命浊中，
得阿耨多罗三藐三菩提。

经句出处

舍利弗，如我今者，称赞诸佛不可思议功德，彼诸佛等，亦称赞我不可思议功德，而作是言："释迦牟尼佛能为甚难希有之事，能于娑婆国土，五浊恶世，劫浊、见浊、烦恼浊、众生浊、命浊中，得阿耨多罗三藐三菩提。为诸众生，说是一切世间难信之法。"

——姚秦·鸠摩罗什译：《佛说阿弥陀经》

词语解释

娑婆国土：指娑婆世界，即释迦牟尼佛教化的世界。

五浊：指减劫（人类寿命依次减短的时代）中所生起的五种浑浊，分别是：劫浊、见浊、烦恼浊、众生浊、命浊。

阿耨多罗三藐三菩提：意译"无上正等正觉"、"无上正遍知"。其中的"阿耨多罗"意译为"无上"，"三藐三菩提"意译为"正遍知"，整句表示佛陀所觉悟的智慧，具有平等、圆满的意思。

经句语译

释迦牟尼佛能够实践极为困难，且甚为希有的事，也就是他能够在劫浊、见浊、烦恼浊、众生浊、命浊等五浊的恶世里，证得阿耨多罗三藐三菩提。

经句的智慧

娑婆世界是个充满"五浊"的恶世界，所谓五浊是指：

劫浊，在减劫中，人寿减至三十岁时，饥馑频起；减至二十岁时，疾疫频起；减至十岁时，刀兵的灾祸频起，世上众生皆受害。

见浊，当正法已灭，像法渐起时，邪法生起，邪见也一直增盛，使人不再修习善道。

烦恼浊，众生内心有各式各样的爱欲，悭贪斗诤、谄曲虚诳、摄受邪法而恼乱心神。

众生浊，又作有情浊，众生有许多恶性恶习，不孝敬父母尊长、不畏恶业果报、不作功德、不修慧业、不施斋法、不持禁戒等。

命浊，又作寿浊，往古之世，人寿八万岁，今时以恶业增加，人寿转而递减，因此寿命短促，能达百岁者非常稀少。

在这种退缘甚多的国土，新发意菩萨很难坚定信念，彼此相互模仿，积非成是，且毫无止境地竞逐，争名夺利，造成人类的浩劫。

唐代的迦才法师在其《净土论》说："若在娑婆秽土中，由逢五退缘，故即退。若生西方，由无五退缘，故不退也。五退缘者：一短命多病，二有女人及生染六尘，三是恶行人谓恶知识，四是不善及无记心，五常不值佛也。净土中无此五退缘，故毕竟不退也。"这是净土跟娑婆的对比，我们都知道不同环境会造成不同影响，环境对人的影响是无远弗届，在娑婆世界想"出污泥而不染"，实非易事。

在充满退缘的浊世，证得阿耨多罗三藐三菩提已是甚难的事，再加上为众生说法，则是难上加难，尤其是为其说解念佛法门。

浊世众生的根器钝拙，而且惑深业重。虽听闻教法，但多不相信，如此一来，对于解、行、证、入，则更不用说了。因此，在五浊恶世为众生说法，极为困难。尤其对五浊恶世的众生说念佛法门，无论就理或就事来陈述教理，皆难令其信入。莲池大师说："兼众德而俱备，统百行以无遗，其理甚深。若人执持名号，是人终时，心不颠倒，即得往生阿弥陀佛极乐国土，其事亦复难信。"可见，释迦牟尼佛难成的事已成，成就阿耨多罗三藐三菩提；难说的法亦能说，为一切世间众生说此持名难信之法。就此二事来看，不独是难，真是难中之难，故说"甚难"。

随喜思惟读经句

目前我们所处的娑婆世界，教主释迦牟尼佛已经灭度，而当来下生的弥勒佛又尚未到来，在充满众苦的四恶趣里，及受到因果报应的牵扯、外道邪魔的扰乱、是非善恶的踌躇、美色淫声的诱惑，既无教主可依靠，又常为外在的境缘所影响，虽稍有觉悟的初学者，也难免不因这些影响而退堕。这也是释迦牟尼佛殷勤劝勉众生往生西方极乐世界的主要原因。

东晋时的僧肇法师（三八四—四一四）在《注维摩诘经》里说了一个故事，比喻五浊恶世，险象环生，惊心动魄。故事如下。

从前有一个人犯了罪，畏罪逃走，国王令醉象追赶他，他在走投无路时，往一口枯井跳下，坠于枯井的半途，幸运地抓到一把腐草，因而暂悬在半空中。他仔细看看四周，下面有恶龙正向他吐着毒气，而身旁盘有五条毒蛇，也想咬他一口；更可怕的是，还有两只老鼠不断地啃咬着这把腐草，眼见就将要断了，这时，上头的大象也要来掳攫他。凑巧的是，井的上端有一棵树，树上有蜜滴下来，刚好落在他的口中，由于这蜜实在甘甜可口，这人贪着美味，竟忘记了恐怖，不求出离。

这故事里的"井"就好比生死，"大象"好比无常，"毒龙"就是恶道，"五毒蛇"比喻五阴，"腐草"比喻命根，"黑白二鼠"比喻日月光阴，"蜜滴"比喻五欲乐。五浊恶世，就是这般的险象环生，所以释迦牟尼佛教示我们念佛法门，令我们速求往生极乐世界，跳脱轮回，其慈心慧力，恩泽普润，难思难量。

当知我于五浊恶世，行此难事，

得阿耨多罗三藐三菩提，

为一切世间说此难信之法，是为甚难。

经句出处

舍利弗，当知我于五浊恶世，行此难事，得阿耨多罗三藐三菩提，为一切世间说此难信之法，是为甚难。佛说此经已，舍利弗，及诸比丘，一切世间天人阿修罗等，闻佛所说，欢喜信受，作礼而去。

——姚秦·鸠摩罗什译:《佛说阿弥陀经》

词语解释

难信之法：因佛的教法甚深微妙，不可以世间常识加以理解，故云"难信"。再者，这里指净土法门是难信之法。

经句语译

众生应当明白，我在五浊恶世的娑婆世界，修行而证得阿耨多罗三藐三菩提，是件极为困难的事。并且为所有众生说出世间最为令人难以信解的净土法门，这是件甚为困难的事啊！

经句的智慧

释迦牟尼佛在五浊恶世成佛，是件极为困难的事，因为在此充满劫浊、见浊、烦恼浊、众生浊、命浊的恶世，障缘甚多，想要成就佛果实为不易。可见，此句经文有一重点，即为赞叹释迦牟尼佛于五浊成佛之难。

然而，释迦牟尼佛在此娑婆世界成佛，虽为一件难事，但尚有比此更难之事，此难中之难的事是什么呢？经文说"为一切世间说此难信之法"。善导大师在《往生礼赞偈》里说："自信教人信，难中转更难。"就净土法门来说，信心是特别重要，因为净土法门所教导的"一向专称"的行法，如无信心，则相对应的要义便成为无意义的说法了。

就净土法门的立场而言，假设不是释迦牟尼佛来到五浊恶世，示现证得菩提；再假设不是释迦牟尼佛乘大愿轮，来到五浊恶世，示现难行能行，难得能得，修行成佛，亲宣此法，我们怎能闻此殊胜行门呢？因此，历来祖师大德常说释迦牟尼佛为根熟众生说出弥陀大法，而有所谓"如来所以兴出世，唯说弥陀本愿海"的偈语，这不但值得我们警悟自省，更能使我们奋发踔厉，行信相资，跳脱轮回。

随喜思惟读经句

有关"难信之法"的教示，在《佛说无量寿经》亦有云："若闻斯经，信乐受持，难中之难，无过此难。"

会性法师（一九二八—）曾举出个人的实例说："一般

对净土信不深，认为是老太婆法门，我二十二岁亲近慈老，在圆光寺读书，同学见我拿念珠，总喊我老太婆，我问：'你何时作老太婆啊？'答：'五十岁'。这种观念错误！历代祖师皆上根利智，尚念佛求生，何况吾辈凡夫，智何能及？此时不修，更待何时？"如此看来，死心塌地信受净土法门的人，实为上根利智之人，能敏锐理解佛法要义，进而快速解脱。

信受此法，为何如此困难？有可能众生认为不涉施为，不假参究，不劳观想，但须一心专持名号即得圆超五浊，是不可思议的事。唯有智者（如同上文所指的"上根利智"），方能深信，乃可得入。这不是意识思议所行的境界，而是圆顿的不思议境界。深明法门之难遭难遇，这对惜生惜死的众生来说，能逢此希有法门，便应死尽偷心，欣愿往生！

阿阇世，随顺调达恶友之教，
收执父王频娑婆罗。

经句出处

尔时，王舍大城有一太子，名阿阇世，随顺调达恶友之教，收执父王频婆娑罗，幽闭置于七重室内，制诸群臣，一不得往。

——刘宋·畺良耶舍译：《佛说观无量寿佛经》

词语解释

阿阇世：中印度摩揭陀国频婆娑罗王的儿子，弑父王自立。 **调达**：又称提婆达多，是佛陀叔父斛饭王的儿子，阿难的兄弟。一般认为他犯五重逆罪，破坏僧团，与佛陀敌对之恶比丘。 **频婆娑罗**：中印度摩揭陀国的国王。曾请求佛陀于得道后先至王舍城受其供养，释尊默许之。

经句语译

阿阇世听顺恶友调达的怂恿，幽禁他的父王频婆娑罗。

经句的智慧

这节经句，道出人间逆伦的悲剧，也是佛陀说出《佛说观无量寿佛经》的因由。

频婆娑罗王相信佛陀的教法，护持佛教，不遗余力。晚年在宫殿内的塔寺安置释尊的发、爪，日日礼拜。后来因为太子阿阇世王篡夺王位，而死于狱中。

阿阇世王又叫作"未生怨王"、"法逆王"，因为他的母亲韦提希夫人怀胎时，有占卜师预言这个儿子出生后将会弑父，频婆娑罗王因此自宫殿的楼上将阿阇世投弃地面，然而，阿阇世奇迹似的未坠楼身亡，仅是折断手指，因而以其未生前即已结怨，称为"未生怨"。

阿阇世长大成人后，立为太子，因听信恶友提婆达多的怂恿，幽禁父王于地牢中，欲致之于死地。显然，阿阇世王这种背逆的举动，跟他报复的情结有关。不能认同其父，幽闭其父，乃至篡夺王位，正好说明他不能自溺自闭的情愫。这是内在情感的宣泄。然而，外在的影响因素，则是恶友的怂恿，促使他弑父。

这出悲剧在他的母亲心里，成了最痛苦的恶报。她向佛陀号泣："释尊！我宿何罪，生此恶子？释尊，复有何等因缘，与提婆达多，共为眷属？"这不是多愁善感者的无病呻吟，任谁也知这是隐藏于背德背后的肺腑之言。

随喜思惟读经句

天地之间以爱相连，大多数父母对子女的关爱，无微不至。然而，子女常常无法体认父母的恩情。俗言："父母爱儿如长江水，儿爱父母不如扁担长。"用来形容阿阇世的行径，甚为合称。《孝经》曾言："事奉双亲，居上不骄，为下不乱，在丑不争。"可见，孝道亦可为治国之资。可惜阿阇世不懂此中道理。

苏格拉底说："不孝父母，而尽情于他人，无益也。"这句话对不孝之徒而言，可谓一针见血。现代社会常看到有些人对豢养猫、狗宠物，备极关爱，但对自己的父母却不闻不问。试问，这样的行径难道不违反常规、违背情理。《心地观经》云："父有慈恩，母有悲恩，若我住世于一劫中，说不能尽。经于一劫，每日三时，割自身肉，以养父母，而未能报一日之恩。"不孝者听闻这句经文，不知能否深思而痛改前非！

诸璎珞中，盛葡萄浆，密以上王。

经句出处

国太夫人，名韦提希，恭敬大王，澡浴清净，以酥蜜和麨，用涂其身。诸璎珞中，盛葡萄浆，密以上王。

——刘宋·畺良耶舍译：《佛说观无量寿佛经》

词语解释

璎珞：用珠玉穿成的装饰物，多用作头、颈、胸或手脚等部位的装饰。

经句语译

将葡萄酒装盛在身上所佩戴的璎珞宝中，偷偷地献给国王食用。

经句的智慧

阿阇世王幽闭他的父王，禁止群臣去探望，但是他没禁止内宫妇女去探望。这个时候国太夫人韦提希设法送饮食给大王，她沐浴清净后，把酥酪与蜂蜜调和、掺和在面粉里头，涂在身体上；她还将葡萄酒装盛在身上所佩戴的璎珞宝冠中，偷偷地献给国王食用。民初天台宗高僧谛闲法师（一八五八——一九三二）的《观经疏钞演义》曾对这节故事有这样的评述：“情爱之深，莫过夫妻；王既被禁于七重室内，又复制诸群臣一不得往，夫人心中，甯不潜然？明知饿死，于心何忍？酥麨上王，是宜然事耳。”适情适性的夫妻应能共患难，韦提希夫人于“诸璎珞中，盛葡萄浆，密以上王”，冒着生命危险，密送给大王食物，对其夫婿频婆娑罗大王的恩情，于兹可见。

随喜思惟读经句

《长阿含经》提到丈夫敬妻应有五事：一者相待以礼；二者威严不媟；三者衣食随时；四者庄严以时；五者委付家内。妻子也应以五事恭敬于夫：一者先起；二者后坐；三者和言；四者敬顺；五者先意承旨。星云法师说：“女人要给男人吃得好，并且要时时赞美丈夫，自然能虏获男人的心。当然做丈夫的也要赞美太太，平时买点布料或化妆品等礼物送给太太，是增进夫妻感情的重要因素。”夫妻相处之道是对等的，这样才能情投意合，如漆如胶。否则，个性形殊，一冰一炭，何能白头偕老。

现今离异的婚姻比率极高，清朝学者钱大昕（一七二八——一八〇四）在其《潜研堂文集》里写道："夫父子兄弟，以天合者也。夫妇，以人合者也。以天合者，无所逃于天地之间，而以人合者，义合则留，不合则去。"由于父子手足是"天合"的血缘关系，夫妻只是"人合"，而没有血缘关系，所以当不合而离弃割舍，便不是罪大恶极。有人曾经问及星云法师有关离婚的问题，他答复说："站在人间佛教的立场，当然希望每个人能组织幸福美满的家庭，但愿天下有情人皆成眷属，都能相亲相爱直到白头。基本上，佛教并不赞成离婚，但是，如果夫妻俩已到了水火不兼容的地步，还是让它水归水，火归火；勉强在一起的怨偶，不如好聚好散。"缘聚则合，缘散则灭，这也是宇宙不变的"因缘法则"。

夫妻相处之道，实是一大学问。如想建立美满和谐的夫妻生活："丈夫须做到：身边少带钱、晚饭要回家、应酬成双对、幽默加慰言。妻子要做到：家庭是乐园、饮食有妙味、勤俭为五妇、赞美无秘密。"这实为至理名言。

故应当往生，这即欣净愿也；不乐阎浮，厌离心也，厌离娑婆世界。欣、厌二字，对修净业的人来说，不可暂离，不可不知。

就佛教的通途教理而言，有欣厌取舍，即是执取，怎能求证实相妙理？对此问题，知礼（九六〇——一〇二八）的《观无量寿佛经疏妙宗钞》说："取舍之极，与不取舍，亦无异辙。"取舍到极点，跟不取不舍之理，并非不同。这是净土法门的路数，从有门进入，达至极处，亦能证入实相，所谓"归元无二路，方便有多门"。

随喜思惟读经句　　拟删

在《佛祖统纪》里记载一名叫作于媪的女士，她的丈夫以卖鱼为业，家境清贫。像于媪这样有一个儿子惹上官司，导致全家破产，她为此事忧愁苦恼不已，想要投江自尽，正好遇到净住寺的照法师，劝她说："这是宿世的业缘，总是应该逆来顺受，若是白白地投江枉死，不如念佛求生西方。"于媪突然省悟，发愿长年持斋，每日称念佛名，如是历经十年而不懈怠。于媪凡是看见一切的人，皆称之为佛子。有一天，请僧人持诵《观无量寿佛经》，她自己则拿着念珠诵念佛名，当僧众诵经，诵到十六观中观阿弥陀佛圣像的那一章时，便安详地往生。

于媪在遇到人生的苦难时，有厌离此世的念头，殊不知这方法亦不能让她真正脱离娑婆世界，仍会在六道轮回。后来得到照法师的劝诫，得知求生西方极乐净土是为了脱生死之上策。至此，她全然放下，一心念佛求生。十年如一日，毫不懈怠。可见她欣求极乐之心念甚强，厌离娑婆世界的心念亦同。

欣厌心深切，方得以往生。古德云："爱不重不生娑婆，念不切不生极乐。"净土行者应有自觉心，渐离世缘，少欲而至无欲，念念厌离娑婆，欣生极乐。三界如火宅，众生于此浊苦世间，信愿持名，自行化他，功夫纯熟之际，便能如愿以偿，往生极乐世界。

唯愿世尊，为我广说无忧恼处，

我当往生，不乐阎浮提浊恶世也。

经句出处

时韦提希，见佛世尊，自绝璎珞，举身投地，号泣向佛，白言："世尊！我宿何罪，生此恶子？世尊！复有何等因缘，与提婆达多，共为眷属？唯愿世尊，为我广说无忧恼处，我当往生，不乐阎浮提浊恶世也。"

——刘宋·畺良耶舍译：《佛说观无量寿佛经》

词语解释

阎浮提：位于须弥山四大洲的南部，故又称南阎浮提、南赡部洲。 **恶世**：即浊恶之世，此时人寿短促，苦多而乐少，且烦恼、邪见炽盛。

经句语译

我唯一希望的是，请释尊为我详说没有忧愁烦恼的净地，我愿意往生至该处，不愿意再沉浮于五浊恶世。

经句的智慧

这节经句主要阐述弥陀净土法门的"欣"、"厌"二门，欣者欣喜极乐世界之乐；厌者厌离娑婆世界之苦。欣厌二门，又叫取舍二门。韦提希夫人祈请释尊为她说解净土法门，因为极乐净土皆是上善聚会之所，可谓无忧无恼，唯愿世尊，为我广说无忧恼处，故应当往生，这即欣净愿也；不乐阎浮，厌离娑婆世界，厌离心也。欣、厌二字，对修净业的人来说，不可暂离，不可不知。

就佛教的通途教理而言，有欣厌取舍，即是执取，怎能求证实相妙理？对此问题，知礼（九六〇—一〇二八）的《观无量寿佛经疏妙宗钞》说："取舍之极，与不取舍，亦无异辙。"取舍到极点，跟不取不舍之理，并非不同。这是净土法门的路数，从有门进入，达至极处，亦能证入实相，所谓"归元无二路，方便有多门"。

随喜思惟读经句

在《佛祖统纪》里记载一名叫作于媪的女士，她的丈夫以卖鱼为业，家境清贫。于媪有一个儿子惹上官司，导致全家破产，她为此事忧愁苦恼不已，想要投江自尽，正好遇到净住寺的照法师，劝她说："这是宿世的业缘，总是应该逆来顺受，若是白白地投江枉死，不如念佛求生西方。"于媪突然省悟，发愿长年持斋，每日称念佛名，如是历经十年而不懈怠。像于媪这样凡是看见一切的人，皆称之为佛子。

有一天，请僧人持诵《观无量寿佛经》，她自己则拿着念珠诵念佛名，当僧众诵经，诵到十六观中观阿弥陀佛圣像的那一章时，便安详地往生。于媪在遇到人生的苦难时，有厌离此世的念头，殊不知这方法亦不能让她真正脱离娑婆世界，仍会在六道轮回。后来得到照法师的劝诫，得知求生西方极乐净土是为了脱生死之上策。至此，她全然放下，一心念佛求生。十年如一日，毫不懈怠。可见她欣求极乐之心念甚强，厌离娑婆世界的心念亦同。

欣厌心深切，方得以往生。古德云："爱不重不生娑婆，念不切不生极乐。"净土行者应有自觉心，渐离世缘，少欲而至无欲，念念厌离娑婆，欣生极乐。三界如火宅，众生于此浊苦世间，信愿持名，自行化他，功夫纯熟之际，便能如愿以偿，往生极乐世界。

我今乐生极乐世界，阿弥陀佛所，
唯愿世尊，教我思惟，教我正受。

经句出处

韦提希白佛言："世尊！是诸佛土，虽复清净，皆有光明。我今乐生极乐世界，阿弥陀佛所，唯愿世尊，教我思惟，教我正受。"

——刘宋·畺良耶舍译：《佛说观无量寿佛经》

词语解释

思惟：即正思惟，是八正道之一。指正确思考道理，包括无欲觉、恚觉及害觉等生起思惟。　**正受**：正定现前，远离邪想，身心领受平等、安和之相。

经句语译

我现在愿生阿弥陀佛的极乐世界，现在只望释尊能教授我正思惟、正受之法。

经句的智慧

韦提希夫人愿往生极乐世界，并且请求释尊教导她如何思惟，达致正受。净土法门的要义在于愿往，须有此心才能与阿弥陀佛的誓愿相应，既而顺利往生彼国。

这里的"思惟"指心中念头，而具正见才能名之为正思惟，否则即为妄念。道源法师说："请佛先教我下手的方法，我怎么样思惟——怎么样观想；再教我正受——怎么样能得念佛三昧，才能生到西方去。这叫作见果问因。韦提希夫人看到西方极乐世界好，就要求生西方极乐世界，她只要简单直说：我要求生西方极乐世界就好了，她怎么知道请教'云何思惟，云何正受'呢？这都是以前常闻佛法的利益。"

道源法师指出"思惟即作观想，是下手的前方便"、"教我正受——怎么样能得念佛三昧"，这表示"思惟"是观想的前方便；达到"正受"即得"念佛三昧"，善导大师的《观经·玄义分》亦有相同的看法，云："言思惟者，即是观前方便，思想彼国依正二报总别相也。即地观文中说言'如此想者名为粗见极乐国土'，即合上'教我思惟'一句。言正受者，想心都息，缘虑并亡，三昧相应名为正受。即地观文中说言'若得三昧见彼国地了了分明'，即合上'教我正受'一句。"足见，"思惟、正受"便是种植净土因，净业行者想往生极乐世界，稳趋无上觉路的必备资粮。

随喜思惟读经句

依据《佛说无量寿经》所云，阿弥陀佛在因位为法藏比丘时，于发四十八愿前，曾用五劫的时间来思惟如何摄取庄严佛国："时彼比丘闻佛所说严净国土，皆悉睹见，超发无上殊胜之愿，其心寂静，志无所着，一切世间无能及者。具足五劫思惟，摄取庄严佛国清净之行。"

释迦牟尼佛成道后，于三七日间观树经行，思惟如何说妙法化度众生，《法华经·方便品》偈语云："我始坐道场，观树亦经行，于三七日中，思惟如是事：我所得智慧，微妙最第一，众生诸根钝，着乐痴所盲，如斯之等类，云何而可度？"

佛教讲求思惟修，圣严法师（一九三一—二○○九）曾说："思惟修不是思想，而是用心在方法上不断地观照，每次一离开方法就再回到方法，使自己系念于方法。"上举阿弥陀佛未成道前思惟摄取佛国，及释迦牟尼佛成道后思惟如何度众，这两个例子明示思惟之重要。

阿弥陀佛，去此不远，汝当系念，
谛观彼国，净业成者。

经句出处

世尊告韦提希：汝今知不？阿弥陀佛，去此不远，汝当系念，谛观彼国，净业成者。我今为汝广说众譬，亦令未来世一切凡夫，欲修净业者，得生西方极乐国土。

——刘宋·畺良耶舍译:《佛说观无量寿佛经》

词语解释

系念：将心念系于一处，此处指众生用心观想佛时，须一心系念。 **谛观**：谛指注意、细察，即详细观想念佛。

经句语译

阿弥陀佛极乐国土离此不远，你应该要用心系念，详实观想极乐国土依报庄严，及极乐国土众生所成就的净业。

经句的智慧

释尊教示韦提希夫人，阿弥陀佛离此不远，应当系念，详实观想极乐国土，以成就自己净业。在《佛说阿弥陀经》里说："从是西方，过十万亿佛土，有世界名曰极乐。其土有佛，号阿弥陀，今现在说法。"如此说来，极乐世界离我们娑婆世界很远，要经过十万亿佛土才能到达。为何释尊会告诉韦提希夫人，阿弥陀佛离此不远？因为心可包太虚、能周沙界，所以阿弥陀佛离此不远，皆在我们的心念之中。另外，从心净土净的观点来看，念佛行者当下心净，达到一心不乱或念佛三昧，随着念佛行者的心净而在当下观想到极乐世界及阿弥陀佛。因而，释尊教导的"系念"、"谛观"便是下手处，使自己的净业成熟，相应于极乐世界的业缘，顺利往生。

修净行者须于行住坐卧，二六时中，悉以西方净观为佛事。借此自行化他，弘通净土，助阿弥陀佛普化一切诸有情。

随喜思惟读经句

依据一般净土教学的论述，修习观想念佛的方法，首先须端坐正念，面向西方；接着心作妙观，如观想阿弥陀佛眉间白毫相光，乃至足下千辐轮相。从上至下，从下至上，辗转观想佛的三十二种相好。当观想纯熟之际，念佛三昧自然现前。能得念佛三昧的行者，决定往生极乐世界。

元代的楚石梵琦禅僧（一二九六—一三七〇）兼修净土法门，他晚年退隐于永祚寺，一心一意专修净业。有一次在禅定中见到广大的莲华充满于世间，阿弥陀佛位居中间，清净圣众围绕在阿弥陀佛身旁。梵琦禅师曾作《西斋净土诗》。其诗有云："要观无量寿慈容，只在而今心想中。坐断死生来去路，包含地水火风空。""西望红霞白日轮，仰观宝座紫金身。一方土净方方净，十念心真念念真。"这样的劝诚，从有修有证的人说出，显得十分殷切。

第一首指出，观想阿弥陀佛的慈容，唯在当下的心想中。由地水火风四大而成的假我，其生死轮回将被精进的念佛功德所超克。

第二道指出，修习初观日想观，向西观想如红霞的日轮，举目观想弥陀的莲华宝座及弥陀的紫金身。能于当下证入，则一净便方方净，观想到极乐世界的成就即等于观想到十方佛国世界；十念真便念念真，十念相应便念念相应。

楚石梵琦禅僧道尽观想念佛之要义。禅者兼修净土，其理路在观想一途，然这是上根者的修法。修净行者实须于此三致意焉！

欲生彼国者，当修三福：
一者、孝养父母，奉事师长，
慈心不杀，修十善业；
二者、受持三归，具足众戒，不犯威仪；
三者、发菩提心，深信因果，
读诵大乘，劝进行者。

经句出处

　　欲生彼国者，当修三福：一者、孝养父母，奉事师长，慈心不杀，修十善业；二者、受持三归，具足众戒，不犯威仪；三者、发菩提心，深信因果，读诵大乘，劝进行者。如此三事，名为净业。佛告韦提希，汝今知不？此三种业，乃是过去未来现在，三世诸佛，净业正因。

　　　　　　——刘宋·畺良耶舍译：《佛说观无量寿佛经》

词语解释

　　三归：又作三皈依、三自归、三归戒，即归依佛、归依法、归依僧，含有救护、趋向的意思。　**威仪**：威严之仪态，通常指行、住、坐、卧应有的威德及仪则。

经句语译

　　想要往生西方极乐世界的众生，须修持三种福业：第一种，孝养父母、奉事师长，心怀慈悲不杀生，修习十善业；第二种，皈依佛、法、僧，恒常持受而不忘失；且须具足众戒，威德仪则须谨慎，保持严肃与庄重。第三种，发菩提心，并深信因果，诵读大乘佛典，广劝众生行此善业。

经句的智慧

修观的行者须先明了净业三福，并依之而行，此为合会事、理，让观行与事行能够投契，投契的目的在于让净业能够成为大乘心行，相应于弥陀净土法门，如此方能顺利往生。宋代元照律师（一〇四八——一一一六）的《观无量寿经义疏》说："非观无以导其福，非福无以成其观。有观无福，则阙于庄严；有福无观，则牵于异趣。"阙略庄严，则难以获得殊胜的果报，以严饰其身格；牵往异趣，则往生莫由。二法如能相资相用，则无往不利。可见，修习净观者须先修习三福，由世间法渐渐导入出世间法，古德说："如贮醍醐，先净其器。其器不净，其味则坏。"

这三福是三世佛因，从此可以明知菩萨历劫大行，其相应的层次为：第一，"孝养父母，奉事师长，慈心不杀，修十善业"，属凡夫业。第二，"受持三归，具足众戒，不犯威仪"，属二乘业。第三，"发菩提心，深信因果，读诵大乘，劝进行者"，属大乘不共业。

再者，此节经文云"欲生"，意指修净行者的"志愿"；云"当修"，意指教令修净行者必当为之。

随喜思惟读经句

蕅益大师在《弥陀要解》曾云："余常言持名一法，为大总持法门，三学全该，六度具足。"因而有些修净行者或是外宗人士便误会弥陀教门只须持名念佛，一切可以不管。其实，蕅益的话有其深意，信心极强的众生能如此信受，但对一般众生而言，仍须教以修持次第，由世间法渐渐导入出世间法。我们不妨把这净业三福看成是净土教门的简要修持次第。

修造福业跟往生极乐净土有极为密切的关系，一般人误会只要执持一句佛号便可往生，道源法师对此解释说："为什么佛叫我们求生西方，先修此三福？福与罪是相对待的，不修福就必造罪，我们求生西方极乐世界，是要转凡成佛，把凡夫转变为佛，把凡夫转变成圣人，若天天造罪，怎能生到西方去？若是修福就不造罪了。造罪则生障碍，不造罪没有障碍，天天修福，则福报越修越大。求生西方要修净业，要修福，还不要着相，理论越读越高，越读越深，但是下手必须从事相上下手。"这已明确指出事相与道理须相互配合，彻悟禅师（一七四一——一八一〇）曾用天台教理解释事理二门云："由有理具，方有事造。理若不具，事何所造？所以理具，但具事造。离事造外，无别所具。由有事造，方显理具。事若不造，争知理具？所以事造，祇造理具。离理具外，别无所造。"掌握事、理合一，至为切要，其意岂浅浅哉！

如执明镜，自见面像。

见彼国土，极妙乐事，

心欢喜故，应时即得无生法忍。

经句出处

如来今者，教韦提希，及未来世一切众生，观于西方极乐世界，以佛力故，当得见彼清净国土。如执明镜，自见面像。见彼国土，极妙乐事，心欢喜故，应时即得无生法忍。

——刘宋·畺良耶舍译：《佛说观无量寿佛经》

词语解释

无生法忍：观照诸法无生无灭之理，安住此理而不动心。

经句语译

如同手持明镜，得以照见自己脸的形状一样。观见清净国土的种种极妙乐事时，心生欢喜，当下即得证入无生法忍。

经句的智慧

释尊教导韦提希夫人及未来世的一切众生，如何观想西方极乐世界。然而，依凡夫众生自身的力量是无法观想到西方极乐世界，因而须借由佛力加持，方能观见清净国土。所见之相，如同手持明镜，照见自己的脸像，非常清晰。尤有甚者，当修净行者观见清净国土，以及清净国土的种种极妙乐事时，心生欢喜，因生欢喜心而实时证入无生法忍。

修净行者须知，释尊的教导有远、近之分，近则教导韦提希夫人；远则教导未来一切众生。这表明佛陀慈悲心怀，普于万世。修净行者更须明白的是，佛力加被，对于观想具有三种利益，一是见之分了，故如明镜自见面像；二是由见心喜，因见清净国土之极妙乐事；三是得无生忍。由知彼国从心而现，达本无法，故得无生。以上三事，是这节经文的要旨所在。

随喜思惟读经句

在《佛说观无量寿佛经》此处言及无生法忍，在《佛说无量寿经》的第三十四愿亦指出："设我得佛，十方无量，不可思议诸佛世界众生之类，闻我名字，不得菩萨无生法忍，诸深总持者，不取正觉。"这即是"闻名必得无生法忍愿"，又称为"得无生忍益愿"、"得深法忍愿"、"名普益愿"、"听我名字证无生愿"等，意思是说阿弥陀佛发愿让十方世界的众生，闻其名号，则证得无生法忍及诸深总持。

证得无生法忍的阶位甚过，依圆教的判释，得无生法忍者即为初住位，其神通道力已不可思议，能起妙用，自在度众。假若修净行者的功德力强，现生可证，可见净土法门的殊胜。因为依藏、通、别、圆四教而观，证此无生法忍，别教须至初地菩萨，圆教则初住菩萨即可证得。所以，圆教初住位等于别教初地位。别教初地菩萨证无生法之后，渐次上进，豁破一分无明，亲证一分法身。

圆教初住位菩萨，证到无生法忍，即得一分本体自性，便起妙用，而能"百界作佛"，即于一百个三千大千世界，同时示现八相成道。此处谓未来世修观想念佛的凡夫，虽见思惑未断，但只要依佛所说，至诚修行观想念佛，当观想成就，见到西方极乐世界，心里就生大欢喜，因法喜充满，立即证得无生法忍。

以博地凡夫一下子能够超出别教三贤位、圆教十信位，所以古德谓观想念佛是顿超法门，得到的利益，无比殊胜。

汝是凡夫，心想羸劣，
未得天眼，不能远观。

经句出处

佛告韦提希：汝是凡夫，心想羸劣，未得天眼，不能远
观，诸佛如来有异方便，令汝得见。

——刘宋·畺良耶舍译:《佛说观无量寿佛经》

词语解释

羸劣：疲弱。羸，指衰病、瘦弱。 **天眼**：能照见六道
众生生死苦乐之相，及远近粗细等诸物，无有障碍。

经句语译

你是凡夫众生，观想力较为羸弱低劣，没有天眼通，不
能观见远方。

经句的智慧

释尊教示韦提希夫人，因凡夫众生的专注力薄弱，且尚

未获证天眼通，所以无法观照到十万亿佛土外的西方极乐世界。唯有借由诸佛如来的胜异方便力，才有办法照见西方极乐世界。换言之，韦提希夫人能够见到西方极乐世界，是因为释尊的加被。善导大师依此认定韦提希夫人是凡夫，但净影寺慧远大师则认为韦提希夫人是证果的圣人，因为她已能证入无生法忍。这是不同的教学观点所判释的不同情况，一般分为"圣道门"的判释及"他力门"的判释。后来的净土法门大抵依善导大师的说法，偏重在凡夫立场而设教。

不过，从凡夫立场而观，善导大师强调忏悔。关于净土法门的忏悔观，坪井俊映博士如此说："佛对韦提希说：'汝是凡夫'。此凡夫是对现在苦报的自觉，亦为自己过去之宿业。不仅须忏悔自己的罪恶，且深深体觉他人的苦报亦由自己而起，因而有责任而行忏悔。……有关自己、他人乃至社会全般之恶业，都由自己负责，此乃净土教的罪恶观。而忏悔罪恶即是净土教的凡夫观。"

可见，修持净土法门的行者须全部身心投入，不只为己，且为社会、国家、宇宙众生，这种罪恶观及凡夫观是净土法门之要义，唯有自认为罪恶凡夫，才会谦卑；唯有谦卑，才能真心忏悔；唯有忏悔清净，才能往生净土或是现生证入念佛三昧。否则，无由而得。由此观之，真念佛人是值得钦仰。真念佛人并非只求自己往生，而是愿求所有众生皆得往生，"愿共诸众生，往生安乐国"，此乃净土法门真义之所存。净土法门所摄受的凡夫，是主体自觉的凡夫观，是内心反省深切的凡夫人间观，这也是善导大师教学的着眼点。

随喜思惟读经句

韦提希夫人以一国王后之尊，被其恶子阿阇世幽囚，其夫婿频婆娑罗王亦被关于七重牢狱。韦提希夫人对阿阇世犯杀父逆罪，心中悲痛不已，现出的是为恶缘所恼的愚痴众生。然而，净影寺慧远大师说："韦提希夫人实大菩萨，此会即得无生法忍。"无生法忍乃是证悟诸法不生不灭之理，位入菩萨。这样的判释让一般凡夫却步，认为韦提希夫人是圣人示现，我等凡夫障重，何能依此而修，依此而了脱生死？因而善导大师坚称韦提希夫人是凡夫，他说："如来恐众生置惑，谓言'夫人是圣非凡，由起疑故，即自生怯弱。然韦提现是菩萨，假示凡身，我等罪人，无由比及。'为断此疑，故言汝是凡夫也。言心想羸劣者，由是凡故曾无大志也。言未得天眼者，此明夫人肉眼，所见远近，不足为言。况净土弥遥，云何可见？言诸佛如来有异方便已下，此明若依心所见国土庄严者，非没凡能睹，悉归功于佛也。"这一大段话清楚地对释经文，无论"凡夫"、"心想羸劣"、"未得天眼"、"不能远观"、"诸佛如来有异方便"、"令汝得见"等，皆一一明示缘由。

最重要的是，归结到佛力的加持，故善导大师最后一句说"悉归功于佛也"。从这句话，反映出净土法门重着他力（佛力）的内涵，被彰显出来，凡是轮回六道，流转生死的恶业凡夫，如不仰止佛之大悲愿力，殊难跳脱轮回。

正坐西向，谛观于日，欲没之处，
令心坚住，专想不移，
见日欲没，状如悬鼓。

经句出处

正坐西向，谛观于日，欲没之处，令心坚住，专想不
移，见日欲没，状如悬鼓。既见日已，闭目开目，皆令明
了。是为日想，名曰初观。

——刘宋·畺良耶舍译:《佛说观无量寿佛经》

词语解释

专想：纯一或集中心念以观想。"专"意指纯一；集中。
欲"没"：沉没。　**悬鼓**：原指悬挂在架上的鼓，这里比喻
落日像鼓面悬挂在空中。

经句语译

端坐面向西方，详实地观看太阳，坚定心念于太阳沉没
之处，专心观想而不游移，观见到日没如鼓面悬挂在空中。

经句的智慧

在《佛说阿弥陀经》里有云："从是西方过十万亿佛土，有世界名曰极乐，其土有佛，号阿弥陀，今现在说法。"在《佛说观无量寿佛经》亦云："如来今者，教韦提希及未来世一切众生，观于西方极乐世界。"所以这里指出修习日想观时，须"正坐向西"。不过，有人曾经质疑为何极乐世界在西方？而不在东方？蕅益大师在《弥陀要解》答复："此非善问。"这不是个好问题，假使极乐世界在东方，又问何故在东方？不管怎么定位，都会产生问题，只是戏论而已，毫无意义。总之，极乐实有，毋庸置疑！

"正坐向西"的"正坐"，是就身仪而言，全跏趺或半跏趺坐皆可，但须直身，如坐禅的方式。"谛观于日"以下，则教示观相，其情况、相貌是须心境相应、凝然不动，专注于观看落日。通常日落时，太阳快接近地平面时，云散光收，莹如鼓面，此时光度不强，观想者的眼睛能够接受这样的光度，一旦观想成就，闭目开目，皆能想起相成，念念相续，任运不忘，这即是日想观，是十六观的初观（第一观）。

随喜思惟读经句

在《佛说观无量寿佛经》里举出十六种观想法，这十六妙观分别是：一日观；二水观；三地观；四树观；五池观；六总观；七华座观；八佛菩萨观；九佛身观；十观音观；十一势至观；十二普往生观；十三杂明佛菩萨观；十四上品生观；十五中品生观；十六下品生观。

这十六观的经文，又可分为三大项：前面六种观想法，是观想西方极乐世界的依报庄严；其次的七种观想法，是观想西方极乐世界的正报庄严；最后的三种观法，其实是说明三辈九品的往生情况。这里经文云："是为日想，名曰初观。"是十六观中的第一个观法。世尊首先教导观想落日，其重要性在于为了修习观想西方极乐世界宝地的前方便。

然而，如何作观呢？我们不妨再次引用道源法师的解释，他说："观想是用心想，最初是闭着眼睛想，想出来一个太阳，状若悬鼓，但一睁开眼睛，它就隐没。再闭着眼继续想，想那状如悬鼓的日头，再睁开眼睛看，要修到闭眼和开眼都看到状如悬鼓的落日，分分明明，在正前方，这时日观就修成了。"此是在静室中打坐观想出来的。

另外，还有一个前方便的修习方法，就是先去实际地观看落日，这时或坐或立都可以，正对西方，睁着眼睛看那将落的太阳，发出红色，光线不强，不会刺眼，这时可以开着眼睛看，看一会儿，再闭着眼睛想，若想不出来，再开着眼看，那个太阳还在，还没落下去，再看，看了再闭着眼睛想。天天这样的用功，直到闭眼开眼，皆见落日，这是方便中之方便。然后回到静室打坐，打坐时房间里没有太阳，当先闭着眼睛观想太阳，观想见到太阳，再睁开眼睛，在这没有落日的静室中，开着眼睛亦看见太阳，闭着眼睛亦看见太阳，这日观就修成了。

若观是地者，除八十亿劫，生死之罪。
舍身他世，必生净国，心得无疑。

经句出处

汝持佛语，为未来世，一切大众，欲脱苦者，说是观地法。若观是地者，除八十亿劫，生死之罪。舍身他世，必生净国，心得无疑。作是观者，名为正观；若他观者，名为邪观。

——刘宋·畺良耶舍译：《佛说观无量寿佛经》

词语解释

劫：佛教的"时间"观念，以劫为基础，来说明世界生成与毁灭之过程。

经句语译

若能观想极乐世界的佛国，便能灭除八十亿劫生死重罪。舍弃、脱离此世的躯体后，下一世必能往生极乐佛国，心中不再有任何疑惑。

经句的智慧

这段经文主要彰显两种利益，一是灭除障碍；二是破除疑惑。就第一项破除障碍而言，如经文所云："若观是地者，除八十亿劫生死之罪。"这即是灭除凡夫众生无始劫来的恶业。这里的八十亿劫不是一个定数，或可解释为无量劫。总之，其时限极长，非为凡夫所能臆测。就第二项破除疑惑而言，如经文所云："舍身他世，必生净国，心得无疑。"这表示此观若能成就，决定往生，而无须疑惑。

吕碧城女士在《观无量寿佛经释论》对这节经文有如下解释："按唯识理，众生所依之器世界，皆识所变现。今于宝地令一一观之，了了分明者，即是熏习其识，使留深刻之印象于藏识中；若本有出世净种，则熏令长成；如或未具，亦得新熏而生。由此变起根身器界，而以宝地为依报焉。法尔成就，故云心得无疑。"

吕女士认为《佛说观无量寿佛经》"为净土中之唯识学，决定不误"，强调此经为净土法门之唯识观。从五重唯识观来看，上举是就前四重之相唯识而言，尚未达致第五重之性唯识。总之，从唯识的角度来看，可知极乐世界亦从阿赖耶识之种子变生，故唯识以外无其他实在。这大抵可导出两种情况，一是唯心净土，一是如来藏性。这对净土法门的理路而言，较为深玄，修净行者不妨进一步思惟其义，以通其奥妙的旨趣。

随喜思惟读经句

　　唐代有一位大行法师，修习天台宗教法，后来入泰山潜修。专心一意地精进修行法华及普贤忏法，经过三年，感得普贤菩萨现身，由是益加策励，笃念如来之法。有一天，忽然感到幻身无常，感叹说："人命无常，终究要消失磨灭，不知未来之世，要往何处去投胎受生？"因此进入藏经阁，恳切地稽首祈祷，随手探取一本经典，竟是《佛说阿弥陀经》。大行法师于是日夜诵持，专心思惟、忆念阿弥陀佛，经过二十一天，在半夜里，看到极乐世界的琉璃地显现眼前，此时心眼洞彻明了。又见到阿弥陀佛、观音、势至两位菩萨。一年之后，琉璃地又再度显现在大行法师眼前，大行法师告诉徒弟说："琉璃宝地再次出现，往生极乐世界的时候到了。"当日示寂，右胁卧躺而命终往生。

　　大行法师的事迹记载在各种往生传、《佛祖统纪》及《宋高僧传》，这是史传记载修净行者证入地想第三观的实例。足见，修净行者任修十六种观法之一种，成就者必得往生极乐国土。

欲想水者，极乐国土，有八池水。

——池水，七宝所成。

经句出处

次当想水。欲想水者，极乐国土，有八池水。——池水，七宝所成。其宝柔软，从如意珠王生，分为十四支，一一支作七宝妙色，黄金为渠，渠下皆以杂色金刚，以为底沙。

——刘宋·畺良耶舍译：《佛说观无量寿佛经》

词语解释

八池水：即八功德池，此池之水具有八种殊胜功德，即：澄净、清冷、甘美、轻软、润泽、安和、除饥渴、长养诸根。

经句语译

想要作水想观，可从极乐国土里的八功德水观起，每一座池水都由七宝组合变化而成。

经句的智慧

这是第五观的池观，跟第二观的水观不同，第二观的水是平常的水，是观地之前，以观水作前方便，先观想水，次观想水结成冰，再观想冰变成琉璃，琉璃变为地。而此第五观的水则是极乐国土的八功德池里的水。

此观名为八功德水观，亦叫莲池观，此莲华池里的水叫八功德水，十方众生往生彼国，即在此池。池水汪洋，如香水海。水上莲华居中者，如须弥卢；十方苦恼众生，闻知识开示，信得有西方极乐世界，国中有阿弥陀佛；肯发心念佛，愿生彼国者，此池内即有一朵莲蕊透出。

池里的八功德水从何处来呢？由七宝化成。七宝何以能化成水呢？"其宝柔软，从如意珠王生。"七宝水是从如意珠王生出，如意珠梵语为摩尼珠，最大最上的如意珠，叫如意珠王。

此水生出时"分为十四支"，为什么分为十四支？此类数目只是表法，分为十四支，表示有十四个佛国众生往生西方，这在《佛说无量寿经》里有详细说明，除了娑婆世界外，还有十三个佛刹国土的众生往生其国，所以莲池水分为十四支。然而，十方世界的念佛众生都可往生西方极乐世界，但是释迦牟尼佛说法时，阿弥陀佛成佛以来仅有十劫，此时有十四个佛国众生往生其国，尔后可能有十五、十六……甚至无量佛国土众生往生，彼时的八池水便分得更多支。

随喜思惟读经句

晋代有位居士刘程之，曾到庐山的东林寺依止慧远大师，修习念佛三昧。有一天，他梦见进入七宝莲池，见到青色、白色的莲华，水池湛然盈满，纵广深浅，悉皆正等。此时，他看到项顶有圆光的佛菩萨，胸中呈现卍字，指着池水说："此是八功德水，你可以饮用。"刘程之于是饮用此水，觉得甘美异常。醒来之后，异香从毛孔中散发出来。于是向人说："我往生极乐净土的因缘已到！"

刘程之的事迹让我们知道八功德水的殊胜，世间文典尚且说："山蕴玉则草不枯，渊藏珠则水不竭。"何况阿弥陀佛的不可思议功德所成就的境界！这第五观的经文后半段还指出："其摩尼水，流注华间，寻树上下，其声微妙，演说苦、空、无常、无我、诸波罗蜜。复有赞叹诸佛相好者。"称美其功德叫作赞，赞美不足以表显其功德时，则又以赞叹来称扬。可见，能够往生极乐净土的众生，透过八功德水的柔软洗涤，称心适意。荡除心垢，增长道业。

谛听谛听，善思念之，
吾当为汝分别解说，
除苦恼法；汝等忆持，
广为大众分别解说。

经句出处

佛告阿难及韦提希："谛听谛听，善思念之，吾当为汝分别解说，除苦恼法；汝等忆持，广为大众分别解说。"说是语时，无量寿佛，住立空中，观世音、大势至，是二大士，侍立左右。

——刘宋·畺良耶舍译：《佛说观无量寿佛经》

词语解释

谛听：注意地听，仔细听。受持经典的十种法行之一，即翔实地听闻佛法，了然于胸次。　**忆持**：记忆受持而不忘失。忆，记住、不忘；持，受持、护持、持守。

经句语译

翔实聆听，并妥善思惟想念，我将为你们分别解说灭除痛苦烦恼的方法；你们须受持不忘，并扩大范围向广远众生

——分辨解说。

经句的智慧

《佛说观无量寿佛经》所教示的十六种观想法，都属于妙观。"妙"者是不可思议，若以凡夫心观想西方极乐世界的依正二报，不是那么容易，因此世尊希望韦提希夫人"谛听"之。而且，说了两次"谛听"，意指须切切实实地听闻所说的法。听闻佛法不可粗心浮气，须沉静心思，详实地听，因为佛法的奥妙是越讲越细，若心浮气躁，难得佛法之实益。因此，须用心地听，听在心里。听闻之后，还要"善思念之"，就是要妥当完善地思惟、钻研探索。

这句经文是第七观的首句。在十六妙观里，从初观到第六观，都是观想极乐世界的依报庄严，从第七观到第十三观，这七观是观想极乐世界的正报庄严，因此，第七观是观想正报庄严的第一个观想法，它观的是莲华座，所以又名之为华座观。不过，就常理而言，莲华座属于依报，为什么把它列为正报里？因为此莲华座不是世间法的依报，西方极乐世界的依报，通于圣凡；但此莲华座是佛最亲近的依报，属于佛独有的，不与凡夫相共，所以判为正报。

"分别解说，除苦恼法"的"苦恼"可分别解释，"苦"指的是苦苦、坏苦、行苦等三苦，或生苦、老苦、病苦、死苦、爱别离苦、求不得苦、五阴炽盛苦等八种苦；"恼"指十使烦恼，即贪、嗔、痴、慢、疑等五钝使，及身见、边执见、邪见、见取见、戒禁取见等五利使。灭除苦报，得以转生死为涅槃，灭除烦恼，得以转惑业成菩提。

随喜思惟读经句

这句经文最后说及"广为大众分别解说"，这是释尊对阿难尊者及韦提希夫人的殷勤劝诫。人生在世具足八苦，即使生天上，难免五衰，只有西方极乐世界没有一切痛苦，享受各种快乐。《妙法莲华法经》云："三界无安，犹如火宅。众苦充满，甚可怖畏。常有生老，病死忧患，如是等火，炽然不息。"印光大师说："对于这些话还不醒悟，还不精进修净业，则与同时生长在天地之间的无情木石一样。"因而，听闻佛法后，应有悲心，广为大众一一分辨解说。

修持佛法的人本应以菩提心为根本，自利利他的大乘心行，是修净业行者的要务，自己能够念佛求生，是多生熏习之善愿，我佛长劫护念，其慈恩须永志不忘，而成一世出世间之勇猛丈夫。

若欲念彼佛者，当先作此妙华座想。
作此想时，不得杂观，皆应一一观之。

经句出处

如此妙华，是本法藏比丘愿力所成。若欲念彼佛者，当先作此妙华座想。作此想时，不得杂观，皆应一一观之，一一叶，一一珠，一一光，一一台，一一幢，皆令分明，如于镜中，自见面像。此想成者，灭除五百亿劫生死之罪，必定当生极乐世界。

——刘宋·畺良耶舍译：《佛说观无量寿佛经》

词语解释

妙华座想：观想阿弥陀佛及观世音、大势至二位菩萨的莲华座的庄严相。

经句语译

如果要观想阿弥陀佛，应当先从观想莲华座开始。作此观想时，不可杂乱，须精纯专一观想，每一个步骤都应一项一项地观想。

经句的智慧

在《佛说观无量寿佛经》解释妙华："其莲华，一一叶上，作百宝色；有八万四千脉，犹如天画；一一脉有八万四千光。了了分明，皆令得见。华叶小者，纵广二百五十由旬；如是莲华，具有八万四千叶；一一叶间，各有百亿摩尼珠王，以为映饰；一一摩尼珠，放千光明，其光如盖，七宝合成，遍覆地上。"这殊胜的莲华是阿弥陀佛在未成佛前，发下大愿而成就的。

法藏比丘是阿弥陀佛在因位作比丘时的德号，阿弥陀佛是果位的佛号。法藏比丘最初亦是凡夫，他在世自在王佛座下出家，并在佛前发了四十八大愿；依着这四十八大愿，经无量劫，修行无量功德，成就西方极乐世界，彼国依报境界，种种庄严，一切果相，皆愿所成，此莲华座的庄严成就，也在愿力的摄受下显现。

元照律帅云："不先华座，则观佛不成。"因此观佛须先观华座。而观想时须了了分明，皆令得见。不过，依经文所言，莲华的瓣、脉、光，各有八万四千，何能同时皆令得见？此非眼根所见，乃定慧之境。这须已进入三摩地（三昧）的境界，才能观得。华座观是观佛的最初方便，因而灭罪犹少，仅能灭除五百亿劫生死之罪，渐次地进入像观，则灭罪乃多。后至佛观，得无生忍，即破无明。

随喜思惟读经句

上文述及法藏比丘在因位时发愿，如今成佛以来十劫，他所摄受的极乐净土即是佛愿的心体，因为愿由心发，所以愿即是佛的心体，由此可知，愿力是"理绝言思"的，由发愿而产生出来的力用是无法用道理说明白。

发愿是为了利益众生，如阿弥陀佛发下四十八大愿；药师佛于过去世修菩萨行时，发利导众生之十二大愿；观世音菩萨发心完成十二大愿；普贤菩萨发心完成十项大愿。而现世的修净行者当须发决定心，临终欲往生西方极乐世界。印光大师说："须知西方极乐世界，莫说凡夫不能到，即小乘圣人亦不能到，以彼系大乘不思议境界故也。小圣回心向大即能到。凡夫若无信愿感佛，纵修其余一切胜行，并持名胜行，亦不能往生。是以信愿最为要紧。"又说："凡夫发心，实即菩萨。"因为依止净土教门，念佛发愿往生西方极乐净土，往生即得菩萨位。

诸佛如来，是法界身，
入一切众生心想中。

经句出处

佛告阿难，及韦提希：见此事已，次当想佛，所以者
何？诸佛如来，是法界身，入一切众生心想中。

——刘宋·畺良耶舍译:《佛说观无量寿佛经》

词语解释

法界身：佛之法身，即指化益众生界的佛身，称为法
界身。

经句语译

诸佛如来都是法界藏身，可现于所有众生的心想中。

经句的智慧

佛经常言"佛佛道同"，十方诸佛的德业行履，皆为相
同。因此这里说"诸佛如来"，虽以阿弥陀佛为主尊，但因

法身的体相是诸佛相同，所以用"诸佛如来"来显示各尊佛的境界皆平等，无论是智慧、慈悲、十力、十八不共法、四无碍辩、三身、四智、五眼、六通等，亦皆平等。也因为如此，才能说"法界身"，《华严经》云："一切诸佛身，唯是一法身；一心、一智慧，力、无畏亦然。"此明示诸佛果证法身，无所不遍；并且与众生因地法身，无二无别。因此，众生作想时，佛身随应而显。

"诸佛如来，是法界身"的"界"字，作"性"字解，因此"法界身"即是"法性身"，亦即诸佛的法身。法身是理体的存有，遍一切处，遍一切众生心想中，故此句"入一切众生心想中"之"入"字，就是"遍"的意思，遍入到一切众生心想中。蕅益大师的《阿弥陀佛像赞·四》云："如来法界藏身，遍入众生心想。譬如月印千江，一切有目同仰。"众生如果心净，则法身自在，自能与佛感应道交。这就是"入"之要义。

随喜思惟读经句

李炳南居士曾对"法界藏身"有如此解释："法界藏身阿弥陀佛，遍一切世间。一切世间约为三类：一器世间，无尽虚空国土矿植等物是也。二有情世间，九界众生是也。三正觉世间，佛之境界是也。含三类世间而为法界，故无处不有弥陀法身。吾人眼之所见，耳之所闻，无一非弥陀。念佛之人，但去自心障碍，何患不能见佛。如燃此一炷香，即是法界藏身。然则是香既为弥陀，燃之宁非燃佛？应知香为假相，执相何能见佛。《金刚经》云：'若见诸相非相，则见如来。'学者参之。"

《高僧传》记载东晋一位僧人名叫僧济，曾经追随庐山慧远大师学习佛法，年纪才过三十，便开座讲经。后来病重，恳切地希望能得生净土，慧远大师便赠其一支蜡烛说："你可以专一忆念阿弥陀佛净土。"僧济手持蜡烛，专注执念，毫无散乱，又请众僧为他诵《无量寿经》。当其暂卧床上休息时，忽然梦见自己手持蜡烛，凌空而行，见到阿弥陀佛前来接引。醒过来后，满心喜悦，转身向西方而往生。

净影寺慧远大师的《观无量寿经义疏》卷上记载，观佛有真身、应身二观，真身观即观如来遍法界平等之身，为法身实相观；应身观即观如来之色身相好，为色身观。修净行者不可执理废事，或执事昧理，不同根器适应不同法门，真、应身二观，可因人而异，应病与药，对症者良。

心想佛时，是心即是，三十二相，
八十随形好。是心作佛，是心是佛。

经句出处

是故汝等，心想佛时，是心即是三十二相，八十随形好。是心作佛，是心是佛。诸佛正遍知海，从心想生，是故应当，一心系念，谛观彼佛，多陀阿伽度、阿罗诃、三藐三佛陀。

——刘宋·畺良耶舍译：《佛说观无量寿佛经》

词语解释

三十二相：谓佛的肉身所具有的特殊容貌，这些特征显而易见，可分为三十二相，例如足下安平立相、足下二轮相、顶髻相等。　**八十随形好**："好"为佛肉身形貌比较微细难见的部分，共有八十种好。佛身具有三十二相及八十种随形好，两者并称，即为"相好"。

经句语译

心里忆念佛时，当下的心即具有的三十二种相好及八十种随形好。这即是"是心作佛，是心是佛"的道理。

经句的智慧

佛曾于过去世的百千大劫里，修习相好业，因而此生能够成就相好。《大智度论》云："若须八十随形好，何不皆名为相而别为好？答曰：相大严身。若说大者则已摄小。复次相粗而好细，众生见佛，则见其相，好则难见故。又相者余人共得，好者或共或不共，以是故相好别说。"依据《大智度论》所言，分别"相"、"好"，表示二者有所不同，粗显者叫作"相"，细微者称为"好"。"相"是其他众生所能证得，而"好"则只有佛、菩萨能够证得。

阿弥陀佛的四十八大愿里，其中第廿一愿又称为"三十二相愿"、"令具诸相愿"、"所化成满三十二相愿"、"具足诸相愿"、"具三十二相愿"、"满大人相愿"等，即愿往生极乐佛国中的人天，悉具足三十二相。

"是心作佛，是心是佛"这两句话表示心若不作佛，则心便不是佛；心不是佛时，则此心是作九界众生。反之，心若不作九界众生，则心不在九界；心不在九界，心便在佛界。"是心作佛，是心是佛"这两句经文，不只是《观无量寿佛经》的纲宗法要，实则也是释迦如来一代时教的大法纲宗。进一层而言，不只是释迦一佛的法藏纲宗，实则也是十方三世一切诸佛法藏纲宗。古代大德说："此宗既透，何宗不透？此法既明，何法不明？所谓学虽不多，可齐上贤也！"

这样的劝诫实为顶门针，鞭辟入里，对症良药，能使人警醒。

经文最后的"多陀阿伽度"翻译为"如来"，"阿罗诃"翻译为"应供"，"三藐三佛陀"翻译为"正遍知"，即佛的十种尊号中略举三号。

随喜思惟读经句

如何理会"应佛"入众生心想？必须确实明白所见之佛是唯心所现，若是认为心外实有的境象，恐怕会招致着魔发狂。换言之，"应佛"虽是唯心所现，他历历分明展现在修持者的眼前，但实际上并非真实的块然一物。若认作外境，执取实有，便会造成魔境。

心能够包太虚、周沙界，心量是广大无边的，一切诸法皆由心立；一切凡圣皆由心生。世间一切教法，所说的皆属心的作用，随其心净则国土净，随其心秽则国土秽。依此类推，"心"随想佛界之缘，便是"是心作佛，是心是佛"；若随想众生各界之缘，便是"心作众生，是心是众生"。

佛家常言："心作三乘，心是三乘；心作六道，心是六道。"佛由心作，地狱也是由心造，心之力用，非常胜妙。如果明白这层道理，便不会不念佛。

禅门有则苏东坡（一〇三六—一一〇一）跟佛印禅师（一〇三二—一〇九八）一起打坐参禅的公案，常为人所举例。苏东坡跟佛印禅师在金山寺打坐参禅，当时苏东坡顿觉身心通畅，轻安无比，于是问禅师："禅师！你觉得我这样的坐姿如何，呈现出怎样的境界？"

"非常庄严，像一尊佛！"佛印回答。

苏东坡听了非常高兴。佛印禅师接着问苏东坡："学士！你觉得我坐的姿势怎么样？"

苏东坡与佛印禅师论禅理，常被佛印占上风，于是心生一计，想愚弄佛印一下，就故意回答说："像一堆牛粪！"

佛印禅师听了毫无怒气，并且表现出一副平和温润的态度。苏东坡异常得意，心想今天愚弄禅师一番，赢了佛印禅师，于是逢人便说："我今天赢了！"

消息传到苏东坡的妹妹那里，她问道："哥哥！你究竟是如何赢了禅师？"

苏东坡沾沾自喜，自鸣得意地叙述了一遍。苏小妹天资聪颖，才华横溢，她听了苏东坡得意的叙述之后，说："哥哥，禅师心中如佛，因此他看你如佛；你心中像牛粪，因此你看禅师才像牛粪！你输了。"

苏东坡哑然，自惭不已。

这就是因心的净、秽，而变现出一切外在依报正报为净、秽的道理。虽然说心污垢所变现的国土便为秽土；心清净所变现的国土便为净土，但愿意自净其心的人，其最直捷的方法不外乎修习净土法门。因为修"净"必能得"净"，种何种因，必得何种果。

想彼佛者，先当想象，闭目开目，

见一宝像，如阎浮檀金色，坐彼华上。

经句出处

想彼佛者，先当想象，闭目开目，见一宝像，如阎浮檀
金色，坐彼华上。见像坐已，心眼得开，了了分明。

——刘宋·畺良耶舍译：《佛说观无量寿佛经》

词语解释

阎浮檀金："阎浮"指阎浮树，"檀"指河流。据说在香
醉山与雪山之间，有流经阎浮树林的河流，从此河流采出的
黄金即称"阎浮檀金"，此金色泽为黄金中最为高贵。

经句语译

观想阿弥陀佛时，要先观想宝像，不论是开眼闭眼时，
都能见到一座阎浮檀金色的宝像，坐在莲华座上。

经句的智慧

本节经文是第八像观，又叫作像想观、佛菩萨像观。观

想一阎浮檀金色佛像坐在莲花上，又观音、势至二位菩萨像侍于左右，各放金光。

释尊教导观想宝像，是用"佛像"来表显"真佛"，这种从易至难的教法，为了让修净行者能够循序渐进；因此，我们可透过画像、雕像、塑像等，作为所观的境缘，随着众生的根器，慢慢观想成熟。

释尊知道凡夫众生的心想赢劣，无法马上观想报身佛或应身佛，所以先教观想佛像，这是方便。"闭目开目，见一宝像"，闭着眼睛想和开着眼睛看，都能见到一尊七宝庄严的佛像。"如阎浮檀金色，坐彼华上"，佛像的微妙殊胜，用"阎浮檀金"来形容，因为此金色泽是黄金里最为高贵，然而须知这也仅是种比喻。观想到的佛像是坐在莲华座上，此莲华座是指第七观的莲华座。"见像坐已，心眼得开"，观想成功时能够获得天眼通，当下就得利益。所谓"心眼得开"意指眼能够得通，是从心里面通得的。

随喜思惟读经句

明代有一比丘尼广学法师，十二岁时即断肉食，平日受持经藏，并在早上及晚上虔诚礼佛。她二十八岁时剃度，专心奉持经教，精修梵行。广学法师本身的体质虚弱，却能穷尽心力，专事苦行。然而，在勤劳苦修的情况下，竟得疾病。她舍弃医药治疗，一心等待在命尽时得以往生，因此气息奄奄，体力不振。有一日，广学法师忽然自己起身，面向西方，端身正坐。旁人见此情景，为她设立阿弥陀佛的圣像，广学法师双目凝视，仔细地观看宝像，双手合掌，至心归命。不久之后，盥洗双手，穿着干净衣服，手持数珠，端身，面对佛像，如入禅定。当时侍者担心她会倾倒，便用两个枕头扶持她，广学法师轻轻地挥手说："不需这样！"大众环绕着，为她念佛，她又轻轻地挥手说："我自己心中有定见，不必劳动大众！"说完后就跏趺坐而不动。经过两天两夜，她一直用微细的声音称念佛名，临命终时，脸色祥和而逝。

这一则往生事迹谈及设像观佛，即是帮助临命终的人，专注心力，观想佛的种种相好，这是一种方便。广学法师一生精进修持，在临终时尚且设置佛像来帮助心力的专注，何况一般的修净行者，更须有更多的方便来助往。因此，平时在持名念佛之余，如有时间、空间，也应设像来学习，让自己的净业早日成熟。

见极乐国，七宝庄严，
宝地宝池，宝树行列，
诸天宝幔，弥覆其上，
众宝罗网，满虚空中。

经句出处

见像坐已，心眼得开，了了分明。见极乐国，七宝庄严，宝地宝池，宝树行列，诸天宝幔，弥覆其上，众宝罗网，满虚空中。见如此事，极令明了，如观掌中。

——刘宋·畺良耶舍译:《佛说观无量寿佛经》

词语解释

宝树：指七宝之树，即极乐世界中以七宝合成的树林。

经句语译

清晰地见到由七宝装饰严净而成的极乐世界，有许多宝地、宝池，每株宝树也都整齐排列着，而且空中有七重罗网宝幔笼罩其上。

经句的智慧

这节经文主要强调观想更趋细微，其意思是：因为已观见佛像及莲华座，所以借由观见佛像及莲华座而观见极乐国土，也就是观见到前文所说的依报庄严。四明知礼（九六〇——一〇二八）的《观无量寿佛经疏妙宗钞》云："像观既成，心眼开发，广见依报地树等相。应知树等，超过前观无数倍也。所以者何？以今宝像，必称华座；树若不高，焉能覆座？皆由妙观转深，故使所观愈胜。"这里强调所观见的宝树，超过前面第四宝树观所观的宝树无数倍。可见，此第八佛菩萨观（又名像想观）所观想的境界越来越殊胜。因此，说"如观掌中"，表示其极为明了。

《佛说观无量寿佛经》有云，七宝行树每株的高度八千由旬，每一朵花叶呈现出特异的珍宝颜色。又云："观宝树者，一一观之。"因为宝树的相状多种，因此说"一一观之"，目的是为了教导我们全面地遍观宝树。此外，这里的"七重行树"指的是一行一行、一重一重，如此有七重行树，观想七重行树的大相之后，再观想它的高度。由上述所论，我们大抵在修习宝树观时，能有稍为清晰的下手处。

随喜思惟读经句

宋朝有位宗利法师，七岁时于天华寺剃度。曾经在禅定中神游西方极乐净土，见到宝池莲华、七宝行树等境界。某年正月，告诉弟子们说："我见到白莲华遍满虚空。"经过三天，又说："佛来了！"于是马上书写偈颂曰："吾年九十头雪白，世上应无百年客，一相道人归去来，金台坐断乾坤窄。"然后端身正坐而往生。往生那一天，居住于道味山附近的百姓，看到许多神异的僧人遍满整座山，不知道从哪里来的。宗利法师的行持精进，修习念佛三昧十年，观其神游净土之经历，足见，净土经典对西方极乐世界的描述，绝非假说。

永明延寿禅师曾经说："若心净，即香台宝树，净刹化生。心垢，则丘陵院坎，秽土禀质。皆是等伦之果，能感增上之缘。是以离自心原，更无别体。欲得净果，但行净因。"意思是说，如果我们的心念清净，则能感得香华、莲台、七宝行树、清净国土而化生；内心染垢，则如高山、丘陵、坑洞、坎陷，在五浊恶世的秽土而受生粗恶。这些都是以相同的果报，而感得不同的增上缘。因此，一切诸法如果离开自心的根源，便没有其他的体性可言。若是想要得到清净的果报，便须修行清净的因行。如能如是观，则修习《观无量寿佛经》所教示的各种观想法，便是正观。

想一观世音菩萨像，坐左华座，
亦作金色，如前无异，
想一大势至菩萨像，坐右华座。

经句出处

复当更作，一大莲华，在佛左边，如前莲华，等无有异。复作一大莲华，在佛右边。想一观世音菩萨像，坐左华座，亦作金色，如前无异，想一大势至菩萨像，坐右华座。

——刘宋·畺良耶舍译：《佛说观无量寿佛经》

词语解释

观世音菩萨：以慈悲救济众生为本愿的菩萨，凡是遇难众生诵念他的名号，菩萨实时观其音声前往拯救，故称观世音菩萨。 **大势至菩萨**：以智慧光普照一切，令众生离三涂，得无上力；又彼行时，十方世界一切地皆震动，故称大势至。

经句语译

观想观世音菩萨像坐在左边的华座，与无量寿佛有着相同的阎浮檀金色，再观想大势至菩萨像坐在右边的华座上。

经句的智慧

观想阿弥陀佛的尊像成功之后，"复当更作一大莲华，在佛左边，如前莲华，等无有异"。换言之，接着再观想阿弥陀佛的左边有一个大莲华，这朵莲华和阿弥陀佛的莲华一样。

经文又说："复作一大莲华，在佛右边。"再观想一朵大莲华，在阿弥陀佛的右边。然后，在这两个莲华座的基础上，"想一观世音菩萨像，坐左华座，亦作金色，如前无异"。继续观想左边莲华座上，坐着一尊观音菩萨的圣像，亦是金色，和前面阿弥陀佛像的阎浮檀金色一样。接着"想一大势至菩萨像，坐右华座"。观想一尊大势至菩萨圣像，坐在右边莲华座上。

以上是将西方三圣的坐像，观想成功，接续观想佛菩萨的圣像都放光明，遍满彼国，乃至十方佛国世界。

随喜思惟读经句

宋代有一位仲明法师，居住在山阴（江苏吴县城北）的报恩寺，他向来不受戒律的检束，古籍说他"素无戒检"。某日忽然感得疾病，于无所用力之际，便问他的同学道宁法师说："我现在的心识散乱，有什么药可以治愈？"道宁法师回答说："只要随着呼吸念佛，这就是最上乘的良药。"仲明法师依照这个方法念佛，至心持念，到了第七天感到非常疲困。道宁法师又教导他观想眼前的佛像。许久之后，忽然见到观世音、大势至两位大菩萨，接着又说："看到阿弥陀佛了！"然后就闭目往生。仲明法师本来是个不守戒律，日常行径不受约束的破戒的无羞僧。后来精进念佛，得以见佛、菩萨而往生。

宋代有一位法因法师，曾经潜心修行净土法门三十年，他在晚年示现疾病时，在禅定中见到极乐净土的观世音、大势至两大菩萨。跟左右的徒弟说："我现在看到的法华道场，和平时所见的甚为不同。我将要离开了。"然后就集合大众念诵《佛说观无量寿佛经》，并且称念佛号。有人请他遗留偈颂，因此书写说："我与弥陀本无二，二与不二并皆离，我今如此见弥陀，感应道交难思议。"然后挺身端坐，结手印而往生。

这二则往生事迹描述到阿弥陀佛、观世音菩萨、大势至菩萨来迎的事证，所以修净行者不妨平时可以修习观想二位大士，使理路正确、纯熟，得到正受。

一一光明，遍照十方世界，
念佛众生，摄取不舍。

经句出处

无量寿佛，有八万四千相；一一相中，各有八万四千随
形好；一一好中，复八万四千光明；一一光明，遍照十方世
界，念佛众生，摄取不舍。其光相好，及与化佛，不可
具说。

——刘宋·畺良耶舍译:《佛说观无量寿佛经》

词语解释

摄取不舍：阿弥陀佛的光明遍照十方世界，摄受照护念
佛之众生而不舍弃。

经句语译

(阿弥陀佛的) 每一道光明都遍照十方世界里的念佛众
生，并接引他们往生极乐国土，摄受照护念佛众生而不
舍弃。

经句的智慧

本节经文指出阿弥陀佛的"身、好、光"皆是八万四千，则其数无量，无法计算。《佛说阿弥陀经》云："彼佛光明无量，照十方国，无所障碍，故名阿弥陀。"十方诸佛皆有智光及身光。智光得以遍照法界，其光明是无量的无量；身光虽然彻照十方，但尚属有量之无量。

阿弥陀佛的光明普照十方世界，能救度称念佛名的修净行者。有关阿弥陀佛的光明所照的对象，有两种说法：一是通照于念佛与修持其他各种法门的行者；一是虽通照于两方，但是得度者仅限于念佛行者。宋代元照律师的《观无量寿经义疏》曾设问，讨论这个问题："念与不念，光无不摄。但念佛者，与光相应，摄取往生，定无退堕。《智论》云：'譬如鱼子，母若不念，子则烂坏。'《楞严》所谓'佛念众生，如母忆子'。但子于母，有忆不忆耳。又如盲人在日轮下，日无不照，盲者不见。不念佛人，亦复如是。"

这说明与光相应，才能获得阿弥陀佛摄取往生。虽然不念佛的人也会被佛光照摄，但因不念佛的人好比为人子女，远离他乡时，不忆念父母恩情而思念之，即使父母双亲在故居殷盼子女，还是无法产生感应。佛跟众生的关系也是如此，想达到感应道交，则须众生一方也能够念佛，修持净业，这样才能与佛的一方相应，获得佛光摄取。

随喜思惟读经句

在石芝宗晓（一一五一—一二一四）的《乐邦遗稿》

有一则讨论念佛者临命终时，是否会产生魔事，例如所见到的佛菩萨是否为魔王所化现？此文标题为"念佛者命终，绝无魔事"，文中指出："有的人依照《首楞严经》修习三昧，有时发动阴魔。有的人依照《摩诃衍论》修习三昧，有时发动外魔。有的人依照《（大乘）止观法门》修习三昧，有时发动鬼魅。这些情况大抵上是以自力的方式来修习禅法，刚开始会有魔种，在定境中被击发出来。倘若能够明理畅达对治的方法，则能成就圣法。假若是暗坐痴禅之人，则会被障碍。"

接着又说："如今修习念佛三昧的人，是托彼佛力。这好比接近帝王，谁敢干犯！由于阿弥陀佛有大慈悲、誓愿、威神、三昧等力，此等力量能够摧毁邪力，降伏魔力。况且，阿弥陀佛的天眼远见、天耳遥闻、他心彻鉴、光明遍照，摄取众生。有如是等功德之力，难道无法护持念佛的人在临终时，让他们没有任何障碍吗？佛若不护持，试问慈悲等力何在呢？"

"念佛者命终，绝无魔事"的讨论，主要在强调阿弥陀佛摄取众生不舍。尤其是佛光普照，对十方世界的念佛众生，摄取不舍。明代天台宗大佑法师（一三三四——一四〇七）的《净土指归集》指出欲了生死，修行净业须具备十种信心，其中一种即是"信念佛之人，阿弥陀佛神通光明，摄取不舍。"大佑法师说，如果是不能深信而心生疑惑的修净行者，即使念佛也不得往生。

但当忆想，令心眼见，

见此事者，即见十方一切诸佛。

以见诸佛故，名念佛三昧。

经句出处

但当忆想，令心眼见，见此事者，即见十方一切诸佛。以见诸佛故，名念佛三昧。作是观者，名观一切佛身。以观佛身故，亦见佛心。佛心者，大慈悲是。

——刘宋·畺良耶舍译：《佛说观无量寿佛经》

词语解释

念佛三昧：观念佛德或称念佛名所证入的甚深禅定。一般而言，念佛三昧也是禅观的一种。

经句语译

只须观想、忆念，使心眼开通，看到无量寿佛的光明相好，等同于见到十方一切诸佛。因见到十方一切诸佛，便名为证入念佛三昧。

经句的智慧

无量寿佛八万四千种光明、八万四千种相好、八万四千种随形好，跟无数化佛、菩萨所呈显的各种景象，无法一一清楚说明。修净行者只须知道，一心观想、忆念，令心眼开通，得以见到无量寿佛的光明相好。如果见到无量寿佛的光明相好，等同于见到十方一切诸佛。因见到十方一切诸佛，便名为证入念佛三昧。能够如此作观想，便名为"观一切佛身"，因观见佛身的缘故，等同于观见佛心。佛心即是大慈大悲之心。

这节经文的主旨在于教示观佛身即见佛心。那么，为何观佛身即见佛心？因为"身"为"心"相所转换、变现，所以见佛心者，表明"身为心相"。由于佛无一切心，唯有大慈悲。"慈"的意思是给予众生喜乐、"悲"是替众生拔除痛苦烦恼。由于众生是无量无边，所以佛的慈悲亦无有尽，发起无缘慈、同体悲。

因为诸佛心，不住有无，不依三世；平等大慈，常照法界。运同体慈，度诸众生，而亦不取众生相，亦不限劫数，故云无缘慈摄众生。

随喜思惟读经句

元代有位名叫王九莲的居士，虔心修习净业，依照《观无量寿佛经》的教示进行观想。但是他在梦里见到的佛，都只是肖像，并非真活佛。有一天，他遇见一位僧人，叫作寂公，就告诉他这件事。寂公说："这事简单，你还能够回忆你父亲的容貌吗？"他回答："当然可以。"寂公又问："那你梦见父亲的样貌，与他生前有何不同？"答曰："一模一样。"寂公道："佛本无相，因人心才有相。你想见佛，就以父亲作阿弥陀佛想，作眉间白毫光想，作面如真金想，作坐宝莲华想。久了，就能见到他的真身，逐日变高变大，大到遍虚空界时，就可以见到活佛了。"九莲依照寂公教导的方法修行，自此以后，每次梦见父亲，就当作是佛。久了以后，父亲就引他坐在莲华上，为他解说佛法心要。九莲听法以后，更有体悟，更加专注修行。

这则修持净业的事迹，教导观佛的方便法，可先将亲人转代为阿弥陀佛，观想亲人的眉间白毫放光、面如真金色、坐在宝莲华上，这样观想不但易于让自己渐渐观想到阿弥陀佛的真身，亦可让亲人的净业辗转增上，这也属慈心观。所以，修净行者平时作观时，可观想自己亲人，令小孩智慧开显、学业进步，父母亲身体健朗、面有红光。凡是在平时无法顺心之事，皆可在做观时，以最虔敬之心，观想亲人坐在宝莲华上、眉间白毫放光，久而久之，必能心想事成。

观无量寿佛者，从一相好入，

但观眉间白毫，极令明了。

见眉闻白毫相者，八万四千相好，

自然当现。

经句出处

作此观者，舍身他世，生诸佛前，得无生忍。是故智者，应当系心谛观无量寿佛。观无量寿佛者，从一相好入。但观眉间白毫，极令明了。见眉间白毫相者，八万四千相好，自然当现。

——刘宋·畺良耶舍译：《佛说观无量寿佛经》

词语解释

白毫：佛的三十二相之一，在两眉之间，拉引时的长度有一寻（或说一丈五尺），放之则右旋宛转，鲜白光净，似一颗真珠，能放光明。

经句语译

观想无量寿佛时，先从一种相好观想进入，仅观想阿弥陀佛两眉间的白毫相，观想至极为清晰明了的境地。能观想到白毫相，则无量寿佛的八万四千相好，便自然现在眼前。

经句的智慧

依据净土教门的说法，舍身他世，往生到阿弥陀佛的极乐国土后，即能证入无生法忍；故知此遍观阿弥陀佛的一切色身相，假若能够观想成就，则能上品上生，这里的经文如此明确表示。有智慧的行者，能依所教示来观想，则名为谛观，一旦往生得忍，则功德甚深，利益殊胜，所以劝诫行者须"系心谛观"。因此，想往生极乐佛国的众生当勤修念佛三昧，才能上品往生。

当然，现生证入念佛三昧是件极为不容易的事，印光大师曾经指出，亲证念佛三昧的行者能够"自知西方宗风"，并且对于"百千法门，无量妙义，咸皆具足"。可见修净行者如能证得念佛三昧，其功德神通必然具备，亦能代佛宣言，广度诸有情众生。印光大师又说："现证三昧，固已入于圣流，自身如影，刀兵水火，皆不相碍。纵现遇灾，实无所苦。而茫茫世界，曾有几人哉！"足见证得念佛三昧的行者，现生便已是了脱生死的圣人，命终时必能往生上品。

随喜思惟读经句

明朝有位妇女祝氏，她的外甥正是著名的袁宏道（一五六八—一六一〇）兄弟，喜好谈论佛法。祝氏听闻净土法门后，便专持佛名，又兼课诵《金刚经》。有一天，她告诉孩子们："佛说三天之后，要来迎接我。"到了那一天，她沐浴之后坐在堂上，亲属们都恭谨地在旁边侍候。过了一段时间，祝氏说佛来了，佛的眉间白毫放出数丈光芒。不仅如此，祝氏又说看见一位僧人，法相庄严美好，自称是须菩提，之后又化为百余位僧人，于是亲属们都一起焚香，并念诵佛号，祝氏便含笑而终。当往生时刻，家中婢女说，看到数位穿着金甲的臣人，手拿旛幢，为夫人引导。祝氏入殓后，棺中时常发出异香。

这个往生事迹谈及祝氏看见佛，并受到佛的眉间白毫光照摄，依据净土法门的教示，众生若遇照白毫光，可消除业障、身心安乐。而且，阿弥陀佛眉间之白毫如五须弥山，见其相者，自然得见八万四千之相好。白毫光相是诸佛在因地时，广为宣说正法而感得，如《优婆塞戒经》卷一，云："为菩萨时，于无量世宣说正法，实法不虚，是故次得白毫光相。"这是诸佛获得白毫相的缘由，可见极为殊胜难得。

见无量寿佛者，即见十方无量诸佛，

得见无量诸佛故，诸佛现前授记。

经句出处

见无量寿佛者，即见十方无量诸佛，得见无量诸佛故，
诸佛现前授记。是为遍观一切色身相，名第九观。作是观
者，名为正观。若他观者，名为邪观。

——刘宋·畺良耶舍译:《佛说观无量寿佛经》

词语解释

授记：本意为分析教说，或是以问答方式解说教理，后
来引申为佛陀为弟子未来世证果及成佛名号的预记。

经句语译

能够见到无量寿佛，就能见到十方无量诸佛，能够见到
十方无量诸佛，就得以获得诸佛显现在眼前为修净行者
授记。

经句的智慧

此节经文指出修净行者受到多佛授记。十方诸佛一致赞同、印可，是因为见到无量寿佛即等同见到十方无量诸佛，一佛授记等同多佛授记，强调修净行者未来必定授记作佛，毋庸置疑。

授记的意思主要指证明未来必定成佛，在佛教经典里著名的授记有：释尊于过去世得到燃灯佛的授记；弥勒菩萨受释尊的授记，当于释尊之后在娑婆世界成佛度众；法藏比丘经世自在王佛授记，而成为阿弥陀佛。

此外，"作是观者，名为正观。若他观者，名为邪观。"意思是能够依教说作观，心、境相称，没有违反教行，则名为正观。反之，不正曰邪，若没有依教说作观，则心、境无法相称，虽然佛教教导种种大小观法，如果不是往生净土的观法，则是偏邪，这是对净土法门而言的。为了简别教法，依该教法而行，使行者不旁出、歧出、误出。所以，这里的"邪"，并非说是外道的邪见之邪，是对佛教内部各种教法而言。

随喜思惟读经句

唐代怀玉禅师（？—七四二），由于执持律法甚严，所以名誉与节操极高。他每日仅食一餐，便长时禅坐而不起身，跳蚤和虱子在他身上恣意生长，并不加理会。他行忏悔之法，也每日课诵阿弥陀佛名号五万声，历来总共读诵《佛说阿弥陀经》三十万卷。天宝元年六月九日，他见到西方极乐世界的圣人，如恒河沙般，数量无法计算。怀玉禅师更为虔诚，当时满室充满佛光。几日后，再有白毫光显现，禅室里都是西方极乐世界圣众。怀玉禅师说："若是闻到异香，我即将舍报而往生。"说完偈语后，香气盈室，圣众更多，同时，阿弥陀佛、观世音、大势至菩萨，都现紫金色身相，共执金刚台来迎接禅师，于是怀玉禅师含笑而终，他的肉身至今仍存。

怀玉禅师的临终偈云："清净皎洁无尘垢，上品莲台为父母；我修道来经十劫，出示阎浮厌众苦；一生苦行超十劫，永离娑婆归净土。"禅师是现生证圣的圣人，他的偈语说他如今能够上品往生，达到清净皎洁无尘垢的境界。不过，最为重要的是，他经历了十劫的修持，仍在娑婆世界载浮载沉，无法跳脱轮回。如今仅是一生苦行，勤修净业，便能永离娑婆而返归净土。由此可见，净土法门的佛力加持，特为殊胜，阿弥陀佛为众生所发起的四十八大愿，是娑婆众生的大依怙。

但观首相，知是观世音，知是大势至，
此二菩萨，助阿弥陀佛，普化一切。

经句出处

观世音菩萨，及大势至，于一切处，身同众生。但观首相，知是观世音，知是大势至，此二菩萨，助阿弥陀佛，普化一切。是为杂想观，名第十三观。

——刘宋·畺良耶舍译：《佛说观无量寿佛经》

词语解释

首相：观世音菩萨的宝冠有立佛，大势至菩萨的宝髻有宝瓶，这即是二位大士的首相。

经句语译

只要观看两位菩萨的头像，就可分辨出哪位是观世音菩萨，哪位是大势至菩萨，这两位菩萨都在帮助阿弥陀佛普度世间一切有情万物。

经句的智慧

西方三圣常来修净行者的面前，给予安慰印可。只须依教修习，观行功成之时，往生净土的净业成就时，往生便有希望，所以说"常来至此，行人之所"。由于阿弥陀佛的身量无边，其高六十万亿那由他恒河沙由旬的具足身相，不是凡夫心力所能观想得到，因此先观想丈六身长的阿弥陀佛，是为了随顺娑婆世界众生的根机，这也是仗佛愿力，让此土世界的众生，有想必成。然而，此节经文所言"所现之形，皆真金色。圆光化佛，及宝莲华"中所指的"金色"、"圆光"、"宝莲华"则有一定，这是为了拣别邪、正，让修净行者知晓所显现的才是真佛、菩萨；否则为邪魔所变化，不可信从。

再者，二位菩萨的身相在这第十三观的观想境界里，所呈现的是与众生的身相相同。但应如何辨别？在观世音菩萨的宝冠里有一尊立佛，而大势至菩萨的宝髻里有一个宝瓶，这即是从二位大士的首相来辨别。此外，古代的注释典论里有这样的分判，即"身同众生"的"众生"是指上品往生的徒众，这些徒众跟中品、下品往生的众生不同，其身相可以等同二位菩萨大士，但是中、下品的众生，则全然不同于二位菩萨大士。

随喜思惟读经句

在宋朝时，大善寺里有一位修行童子，时常跟随善辉法师念佛礼拜。某天夜晚，他梦见有位妇人贩卖佛珠，童子说："我很想买一串，可惜没有钱。"妇人说："我会给你一串，但是你必须先张开口。"于是童子张口，妇人便将佛珠投进他的口中。童子梦醒后，将此梦境告诉善辉法师。善辉法师说："这是大势至菩萨要教授你念佛三昧啊！"过了几天，童子看见观世音、大势至二位菩萨持莲华座说："七天后，你将乘此莲华座来生净土。"七日之后，童子忽然大声说："大菩萨来了！"说完后便坐化往生。

此节经文云："此二菩萨，助阿弥陀佛，普化一切。"因之，修净行者常可见到观世音及大势至菩萨，显现在他的眼前。如果众生与佛的忆念相应，如影随形，则众生念佛时必能与佛感应道交。修净行者在行、住、坐、卧之间，皆应忆念，如此修持，何患不见佛哉！

凡修持净业的行者，应当信佛之言、行佛之行。心口不相违背，决定往生。假若听闻教说而不信，或是相信而不行，则好比画饼也无法止饥。而且，心既无信，则生疑谤；即兴疑谤，则自昧其心；自昧其心，则净土远之又远矣。

一者至诚心，二者深心，

三者回向发愿心；

具三心者，必生彼国。

经句出处

佛告阿难及韦提希："上品上生者：若有众生，愿生彼国者，发三种心，即便往生。何等为三？一者至诚心，二者深心，三者回向发愿心；具三心者，必生彼国。"

——刘宋·畺良耶舍译：《佛说观无量寿佛经》

词语解释

至诚心：众生的一切解行，身口意必须内外相应，真实为求生彼佛净土，不可内蓄名闻利养之心，外现贤善精进之相。　**深心**：深信之心。深信自身是烦恼具足的凡夫，无始以来轮回六道，无出离之缘；深信阿弥陀佛成就四十八愿，摄受一切众生，专念彼佛，定得往生极乐。　**回向发愿心**：所修一切世间或出世间善根，普皆回向，愿生彼佛国土。

经句语译

第一种是极度诚恳求往生之心；第二种是深信自己一定

能够往生极乐国土之心；第三种是发愿将所修的功德回向到极乐国土之心。能够具备这三种心，必定往生极乐国土。

经句的智慧

此节经文在阐述往生上品上生的要义，须发三心，即"至诚心"、"深心"、"回向发愿心"，具足此三心，必往生极乐国。因为此类修净行者精进勇猛，在他临命终时，观世音菩萨执金刚台，与大势至菩萨至行者前，阿弥陀佛放大光明照行者身，与诸菩萨授手迎接。

此三心即是菩提心，又名为无上道心。"至诚心"是指在菩提道上，决定坚固，非达至成佛，绝不变移之心。这里的"至"是"不留余地"的意思；"诚"是"唯此一心"的意思。修净行者听闻"是心作佛、是心是佛"的教说时，旋即发起荷担如来家业之心，直趣无上菩提，不再希求有余涅槃、人天果报，决定求生极乐净土，一意精修，无有间断，所以叫作"至诚"。

"深心"意谓深信自身是烦恼具足的凡夫，无始以来轮回六道，无出离之缘；深信阿弥陀佛成就四十八愿，摄受一切众生，专念彼佛，定得往生极乐；这是善导大师的说法。修净行者须身躬实践，以佛之教说、意志、大愿为自身奉行、依止处，佛教示须"舍"时即应舍；须"行"时即应行；须"去"时即应去，真佛弟子、真念佛人应唯佛是听。

"回向发愿心"是指所修功德，普施众生，至佛无尽。

这亦须依佛为榜样，如阿弥陀佛为求佛道，曾发广大心；我亦如是为求佛道，亦应发广大心；如阿弥陀佛为度脱众生，取妙净土；我亦如是为度脱众生，取妙净土。有一众生未得度者，是则我土不净，我佛不成。上品上生的行者在实践"回向发愿心"时，必能以此实相观来操持，方能上臻于无碍解脱之境。

随喜思惟读经句

《修西闻见录》中曾载一故事：清末同治年间，钱塘刺史许玉年的夫人徐氏，恭敬和顺，很有妇德。徐太夫人所生的子女们，都富贵显达。

但是太夫人自己依然恭敬谨慎，一点也不奢侈，而且俭省生活费来做善事，冬天发送棉衣，夏天赠送药品，对于供奉三宝也尽心尽力。有人祝福她富贵荣华，太夫人答道："这些福报最终都是落入轮回，我只希望以后能够往生西方净土，了脱生死。"

徐太夫人洞明事理，一意往生净土，连她的家族都诚心诚意，发愿往生。同治三年夏天，有个渔夫，在水里捞得一尊阿弥陀佛的塑像。夜晚，渔夫梦见这尊佛像告诉他将佛像送给徐太夫人。夫人得到佛像后，便筑香光楼供奉。隔年七月的一个夜晚，屋室里出现佛光，灯火都画作红莲花，大约一尺。辉华掩映，刚开始太夫人觉得惊讶，思索后说："这大概是以火中莲花的异象来策励自己吧！"

第三年夏天，太夫人在扬州住宅生病。两个多月后，她忽然说："我要回去了。"家人都以为她要回杭州。太夫人笑着说："这件事不是你们所能明白的。"七月四日中午，她盥洗、更换衣服，看见光明充满空中，异香充满房室。在光明中有一位僧人披袈裟，持一锡杖，旁边有一童子，仿佛是来接太夫人。于是太夫人招来眷属，劝说："我没有什么牵挂，你们要好好念佛。"不久莲花到了，她就命家人将自己读的经典焚化。接着说佛来迎了，太夫人便含笑而逝。室内充满异香，头顶竟然还持续着温热一天之久。

上述徐太夫人的行止，读来令人觉得稀疏平常，然而修行即讲求平常的践履，尤其就净土法门的至诚心、深心、回向发愿心而言，实应如此。草庵禅师的《念佛诀》云："知一切事无如生死事大，则事事皆不切之事，于一切时作临命终时想，则时时皆念佛之时。"弘一大师（一八八〇—一九四二）说："阿弥陀佛，无上医王，舍此不求，是谓痴狂。一句弥陀，阿伽陀药，舍此不服，是谓大错。"这般劝诚亦稀疏平常，但字字珠玑，足以震天摄地。

一者慈心不杀，具诸戒行；

二者读诵大乘，方等经典；

三者修行六念，回向发愿，愿生彼国。

经句出处

复有三种众生，当得往生。何等为三？一者慈心不杀，具诸戒行；二者读诵大乘，方等经典；三者修行六念，回向发愿，愿生彼国。具此功德，一日乃至七日，即得往生。

——刘宋·畺良耶舍译：《佛说观无量寿佛经》

词语解释

方等：又作"方广"、"广解"、"广大"、"广破"等，指内容广大平等而义趣甚深的大乘经典。 **六念**：指念佛、念法、念僧、念戒、念施、念天，又称为"六随念"、"六念处"、"六念法"。

经句语译

第一种是心怀慈悲不杀生，且具各种戒行之人；第二种是诵读内容广大平等而义趣甚深的大乘经典之人；第三种是修行念佛、念法、念僧、念戒、念施、念天等六念法，回向发愿往生极乐佛国之人。

经句的智慧

不杀戒是五戒之首，所以特别标出"慈心不杀"，但后面又说"具诸戒行"，所以应纳入大乘佛法的菩萨戒。受戒的过程是先受五戒，再者守十善，最后受菩萨戒，所以说"具诸戒行"。这里的"行"，即持戒的行门，行门就是功夫。

"读诵大乘方等经典"，"读"是指对着经典出声而念，所以说"对本而读"；"诵"是指不看经典而出声或默声背诵，所以说"背本而诵"。先对着大乘经典读，读熟了再背诵。不只要读诵，还必须学解，发起智慧。不读诵大乘，则不能明了佛心；不能明了佛心，则不能契入佛智；不能契入佛智，纵使往生彼国，亦不能见到佛。如果能够明了佛心，能够契入佛智，则能自利利他，因为佛与众生同为一体。

修持念佛、念法、念僧、念戒、念施、念天等六念法，将所修一切世间或出世间善根，普皆回向，愿生彼佛国土。如果具上述功德，再加上专心念佛一至七日，当命终时，即得往生极乐佛国。这里仍须分疏的是，"具此功德"，是就长时间修持而论；"一日乃至七日"，是依据《佛说阿弥陀经》的持名而说，其目的在于一心不乱，希望克期取效，作为精进向前的依据。

随喜思惟读经句

念佛法门在初期大乘佛教时期兴起，其根源可追溯到《阿含经》，在《杂阿含·八六〇经》有一则故事以忆念佛陀功德，令自己远离贪、嗔、痴，而趋向戒、定、慧的修学次第。

梨师达多与富兰那兄弟两人因佛陀要离开，到他方游化，担心失去依止，因而对佛陀顶礼说："释尊！您要离开王舍城……让我难过得犹如身体就要被肢解，头昏眼花，心乱如麻，所学的法都忘了。您这一离开，我们不知什么时候才能再见到释尊，以及善知识比丘们呢？"

佛陀告诉他们兄弟说："不管你见得到、见不到释尊，见得到、见不到善知识比丘们，你们都应当随时修持六念。"接着佛陀分别说明六念的内容，大抵上是：应当忆念着如来的功德、应当忆念着正法、应当忆念着圣僧、应当忆念着持戒的清净德行、应当忆念着布施、应当忆念着天界之事。能够这样修学，就可以这样说：圣弟子在众人皆乱中独醒，在众人皆邪中独正，入于法界之流而修学念佛、念法、念僧、念施、念戒、念天。

佛陀最后说："居士们！在家生活的干扰与染垢甚多，但在这尘垢之处，我们居无定所，四处游化的出家之路，则像海阔晴空。如果你们居家也能用心修学，那就足够了。"可见"六念"在当时是佛陀教导在家居士的善巧方便，后来大乘佛教兴起后，其中的"念佛"对念佛法门的影响很深，学者对此源头的研究很多，不同说法层出不穷，这个问题其实到目前为止，仍葛蔓纠结，难于分解清楚。

阿弥陀佛，放大光明，照行者身，
与诸菩萨，授手迎接。

经句出处

生彼国时，此人精进勇猛故，阿弥陀如来，与观世音、大势至，无数化佛，百千比丘，声闻大众，无量诸天，七宝宫殿，观世音菩萨，执金刚台，与大势至菩萨，至行者前，阿弥陀佛，放大光明，照行者身，与诸菩萨，授手迎接。

——刘宋·畺良耶舍译:《佛说观无量寿佛经》

词语解释

授手迎接：发愿往生净土的修净行者，临终时蒙阿弥陀佛、观世音、大势至及圣众前来接引，往生极乐净土。

经句语译

阿弥陀佛放出极大光明，普照修净行者的身体，并与其他菩萨伸手迎接此人。

经句的智慧

这节经文说明上品上生的修净行者在临命终时，其往生因缘的情况。由于这样的修净行者，生前佛持三心，精进勇猛，始终不懈，因此在临终的时候，西方三圣及清净大海众诸菩萨，授手迎接，赞叹劝进，以慰其心。

因为"精进勇猛"，所以能感应阿弥陀佛、观世音、大势至及圣众前来接引。精进就是不懈怠，勇猛就是不退转。须注意的是，这节经文言及"七宝宫殿"亦显现在修净行者的眼前，这表示七宝宫殿是阿弥陀佛的居处，这个依报庄严一并呈显在面前，亦即"圣境详现"。修净行者的净业成熟，兼福兼慧，以及有强烈的愿往之心，因而临终之时，显现圣境。此时观世音菩萨执金刚台，乃因修净行者"精进勇猛"，所以手执金刚台以表记修净行者的努力，功不唐捐。

"精进勇猛"是修持的标志、指南针，能不能往生极乐国土，端视是否精进勇猛。普贤菩萨偈云："是日已过，命亦随减，如少水鱼，斯有何乐？当勤精进，如救头然，但念无常，慎勿放逸。"普贤菩萨教导众生要但念无常，时时刻刻想到无常大敌，因为人命呼吸间，一息不来，轮回路险，焉知何在？

随喜思惟读经句

唐代僧衍法师年轻时就出家，在过世前的五六年，他专心称念阿弥陀佛，每天礼拜阿弥陀佛五百次，之后逐渐增加礼拜的次数。当他将要过世时，增加到一千拜，并且不断念阿弥陀佛名号，多达七八万遍，不曾懈怠。

僧衍法师往生那天告诉弟子说："阿弥陀佛前来授我香衣，观世音菩萨、大势至菩萨等圣众布满虚空。从这里往西方，全部都是净土。"说完后就过世。僧衍法师以前并不是归心净土，是九十岁后听到道绰大师讲述《佛说观无量寿佛经》，听完后就发愿求往净土，修行四五年，临终前便有如此瑞相。

这则往生事迹言及修净行者的"精进勇猛"，以及西方三圣显现在临终的修净行者眼前。佛菩萨来迎接，须配以自身的修净功业，这是"二力正助功德"，李炳南居士说："二力，是你自己功夫，你不用功是不行；此外还有佛的力量，佛来接引你。你看阿弥陀佛差不多是站相接引的样子。"他又说："这个法门当生成就。但要紧在'感应道交'，如不能感应，就不能成就。"然而，感应道交的要诀在于修净行者能否"精进勇猛"！

光明宝林，演说妙法。

闻已，即悟无生法忍。

经句出处

行者见已，欢喜踊跃，自见其身乘金刚台，随从佛后，如弹指顷，往生彼国。生彼国已，见佛色身，众相具足；见诸菩萨，色相具足；光明、宝林，演说妙法。闻已，即悟无生法忍。

——刘宋·畺良耶舍译：《佛说观无量寿佛经》

词语解释

妙法：指佛法义理深奥，不可思议。这里指西方极乐世界的水鸟、树林能演说妙法，令往生者证入无生法忍。

经句语译

明亮的七宝树林，演说着深奥的妙法，修净行者之人听闻妙法的当下，旋即证悟无生法忍。

经句的智慧

修净行者往生彼国后，亲见西方三圣的身相，具足三十二相及八十种随形好。又听闻光明的七宝树林，演说妙法，旋即证得无生法忍。能够亲见佛菩萨色相具足，是因为戒行具足；能够闻说妙法，是因为信乐大乘教法。大抵愿力坚强的修净行者，在念佛三昧现前时，能蒙阿弥陀佛的光誓摄受，并于"弹指顷，往生彼国"。往生到西方极乐国土，只须弹指之短暂时间即能到达，这种劲疾而敏捷的速度，非一般人所能明了。古德云："蜡印印泥，印与泥合，印灭文成。"即是比喻这种往生的情状。这里的"印灭文成"又叫作"印坏文成"，指蜡印虽溶毁坏掉，但它的迹象显现成印文。此句在各种经论里表示生死相续的譬喻，即以"印坏"比喻死，"文成"比喻生，表明死生同时的意思。

昙鸾大师的《略论安乐净土义》亦云："称阿弥陀佛名号，愿生安乐，声声相次，使成十念也。譬如蜡印印泥，印坏文成。此命断时，即是生安乐时。"修净行者于命终之际，即是往生安乐国之时，二者同时发生，没有时间差。换言之，只需三昧纯熟，便能任运而牵引往生佛国。

随喜思惟读经句

净土法门强调行者在临命终时须正念现前，不为贪嗔痴所扰，才能顺利往生佛国。"临终"一词，出自《佛说阿弥陀经》所云"其人临命终时"，意谓修净行者于色身败坏时，寿命临将终了的重要时刻。这段时刻对修净行者而言，具有重要意义，决定临终后所处的境界是往生佛国还是仍继续在六道轮回。临终过程是否顺利往生佛国的关键处，在于修净行者是否把持"正念"。

善导大师的《临终正念诀》云："恐病来死至之时，心识散乱，仍虑他人惑动正念，忘失净因。"由于临终把持正念的重要，故有所谓的临终助念。然而，临终助念是否需要，端视个人修持情况而定。如果修净行者现生已证念佛三昧，临终之际便不那么需要他人的辅助来保持正念现前，例如印光大师说："念佛之人，若已证道，则临命终时，任彼刀割香涂，了无动念之事，则无所谓为损益也。"反之，依照佛教成说，临命终人因地、水、火、风四大分解，产生极大痛苦，容易失去正念，为了帮助平时修持不力、根器稍劣的众生顺利往生，故有这样的方便施设，借由助念而令临终者能够持续念佛。

历事诸佛，遍十方界，于诸佛前，

次第授记，还至本国，

得无量百千陀罗尼门，是名上品上生者。

经句出处

生彼国已，见佛色身，众相具足；见诸菩萨，色相具足。光明、宝林，演说妙法。闻已，即悟无生法忍。经须臾间，历事诸佛，遍十方界，于诸佛前，次第受记，还至本国，得无量百千陀罗尼门，是名上品上生者。

——刘宋·畺良耶舍译：《佛说观无量寿佛经》

词语解释

陀罗尼门：意译为总持、能持、能遮。"总持"即能忆持无量佛法；"能持"即能持各种善法，"能遮"即能遮除各种恶法。

经句语译

遍历十方诸国佛所，在诸佛前一一接受授记，回到极乐国土时，便得到不可计数的陀罗尼法门，这样的修净行者即为上品上生的往生者。

经句的智慧

上品上生的往生者，因为已登忍地位，获得六种神通，能够在短暂的时间内游历十方佛国，并且奉事诸佛，依序地接受诸佛授记。得授记后，便回到极乐净土，获得百千陀罗尼门。由于经过诸佛一一授记，所以上品上生的往生者能够得到无数的陀罗尼法门，对于无量法门无不通达。获得多佛授记，表示皆蒙印可，将来成佛。然而，成佛须修学无量法门，在四弘誓愿里的"法门无量誓愿学"，表明菩萨誓愿学知一切法门。此愿到西方极乐世界，很快便满愿，学会无量法门。

初发心菩萨一开始即以"法门无量誓愿学"作为自己的修持方针，天台智者大师在《妙法莲华经文句》云："以种种法门，宣示佛道。"指出法义的种种差别，以应众生千差万别，重重无尽之烦恼。足见，修持菩萨道，学会无量法门是必经之途，亦为成佛之要诀。

随喜思惟读经句

在《贤愚经·卷十三》有一则关于佛陀为一位婆罗门授记的故事。佛陀在舍卫国时，某日知悉有因缘成熟，即将得度，于是带着侍者阿难入城乞食。当时佛陀身上的袈裟有些破洞，乞食后回到精舍。不久，有位婆罗门前来，恭敬地向佛陀问讯说："我在城内见您相貌庄严，令人十分敬重；又见您的衣服破损，心想您一定是位德行高超的修行人。因此我省下日用开销，并变卖家中值钱的东西，换来珍贵的毛，希望能供养您。"佛陀微笑，点头应允。婆罗门见佛陀接受毛，欢喜不已。当时佛陀了知婆罗门的善心已发，便为他授记。

　　婆罗门因发起善心，供养佛陀，而得到授记，这跟本节经文所云"历事诸佛，遍十方界，于诸佛前，次第受记"，道理相近。其实，佛陀此生成佛，也缘于他前世以花供佛。根据《佛本行集经》卷三的记载，佛陀前生为一婆罗门名叫云童，有一次他参访至莲花城，听说燃灯佛将来此说法。云童希望以鲜花供养燃灯佛，但全城的鲜花已被收购一空，云童寻遍全城都找不到一朵花。后来他在井边遇见一位婢女，双手捧着瓶子，瓶中插着七茎优钵罗花，云童恳切地向她求花，婢女为其至诚感动，答应给他五茎，另留两茎请云童代为献佛；此即是"借花献佛"典故的由来。

不必受持读诵方等经典；
善解义趣，于第一义，
心不惊动，深信因果，不谤大乘。

经句出处

上品中生者：不必受持读诵方等经典；善解义趣，于第一义，心不惊动，深信因果，不谤大乘，以此功德回向，愿求生极乐。行此行者，命欲终时，阿弥陀佛，与观世音、大势至，无量大众，眷属围绕，持紫金台，至行者前。

——刘宋·畺良耶舍译：《佛说观无量寿佛经》

词语解释

义趣：意义和旨趣。　**第一义**：即第一义谛，最为殊胜的真理。

经句语译

修净行者不必定要读诵方等经典，只要能理解佛法的意义和旨趣，安住于第一义谛而不惊恐动摇，并且深信因果，不毁谤大乘佛法。

经句的智慧

上品中生的往生条件跟上品上生不同，其往生因也须发三心。但是对于大乘法则不能受持读诵修行，仅能明了第一义谛，深信因果。这样的修净行者在临命终时，阿弥陀佛与观世音、大势至等无量大众，会持紫金台，授手迎接。

此节经文所云"不必受持读诵方等经典"的"不必"，不是完全不要，而是不一定的意思。换言之，上品中生的行者对于受持读诵大乘经典的功夫，不一定做得到，但能够"善解义趣"，对于经典的一句一偈，深入研究其旨趣，且讲经说法，意趣横生，讲解得很好。他了达"第一义谛"，于绝言息虑的深广道理，心不惊动，能够安住于中道，并且深会因果皆是实相，信得很深入，所以说他"深信因果"。相对的，由于"深信因果"，所以他决不会毁谤大乘教法。四明知礼的《妙宗钞》云："其心安住中道，不为二边之所惊动。了达因果皆是实相，名为深信。虽不遍习，或闻大教，赴机异说，知显一理，不生疑谤。"

随喜思惟读经句

在《贤愚经》里有一则"鸟闻比丘说而法生天"的故事，这则故事阐述喜闻经义，能得无量福报。在佛陀的教团里有位精进修道的比丘，饭后常到祇树给孤独园经行，经行完毕，便诵经修持。这位比丘的声音十分悠扬，诵经的声音无比庄严。此时，飞来一只鸟，听到如此庄严的声音，十分欢喜，于是停在树上，恭敬地聆听比丘诵经，当时有一位猎人拿弓箭射杀它，这只鸟因此而亡。

由于这只鸟在命终时，恭敬地聆听着比丘诵经，所以投生到忉利天。这只转生为天人的鸟，心中自忖："我有何福德而能够投生到天上，享受天福的果报呢？"它用天眼观察，看见自己过去生是一只鸟，于是手持无数天华，来到比丘面前，恭敬地向比丘合掌顶礼。

比丘问它："您是何神？为什么对我顶礼，并供养天华呢？"天人回答："我过去生是一只鸟，因为喜爱听闻您诵经的声音，因此停在树上聆听，但被猎人射杀。不过，因为在临终前的一念善心，得以投生忉利天。"

比丘听它这么说，甚为欢喜，便对天人说法，由于天人听闻这些殊妙的法义，心开意解，而证入须陀洹果，十分欢喜地回到了天上。

阿难问佛："为什么这只鸟只听闻比丘诵经，就能投生天人，并且证得须陀洹果呢？"

佛陀告诉阿难："如来所说的法，能够饶益无量无边的众生。这些法义极为微妙，一如这只飞鸟只因听闻比丘的诵经声，并对法音充满法喜，便获得无量福德。更何况是人，如果能够对佛法坚定信心，信受奉行，所获得的果报也是无法计算！"

佛陀在最后告诉阿难，畜生道的禽鸟因听闻比丘诵经，便获无量福德，何况生处善道的人类，如能信受奉行佛法，必获无量福报。这还只是就六道的因缘果报而说。如果修净行者能"善解义趣"，并且"于第一义，心不惊动"，往生上品后，其福报、功德，实不可计量。不但顿脱轮回，且神通变化不可思议，能于十方佛国教化跟自己有深厚因缘的众生。因此，净土法门可谓方便中的第一方便，了义中的无上了义，圆顿中的最极圆顿之教法。

亦信因果，不谤大乘，但发无上道心，
以此功德回向，愿求生极乐国。

经句出处

上品下生者：亦信因果，不谤大乘，但发无上道心，以
此功德回向，愿求生极乐国。行者命欲终时，阿弥陀佛，及
观世音、大势至，与诸菩萨，持金莲华，化作五百佛，来迎
此人。五百化佛，一时授手。

——刘宋·畺良耶舍译：《佛说观无量寿佛经》

词语解释

道心：菩提心，或是悟道之心，又作"道念"。

经句语译

修净行者也相信因果，不毁谤大乘佛法，但能发起希求
佛道的无上心，并以此功德回向，愿意往生西方极乐国土。

经句的智慧

上品下生的修净行者，也必定须相信因果，这是大乘佛

法所言之"深信"之一，也是大乘佛法的重要心行。善恶因果，皆出自我心，能够了知畏慎，才是真正的念佛行者。这里的因果也可从修净因得净果的角度来说明，如彻悟禅师说："果必从因，因必克果，苟真知此心境因果、一如不二之理，而犹不念佛求生净土者，吾不信也！"又说："人之所以不戒杀者，由于不达因果之理。因果者，感应也！我以恶心感之，人亦以恶心应；我以善心感之，人亦以善心应。"因果即是感应之理，想跟佛菩萨感应道交，则须跟佛菩萨的气息相通，以菩提心行六度万行，则感应菩萨法界，以平等大慈，同体大悲之行行，则感应佛法界。相对的，人如果心存恶心，他人也会以恶心与之相应；人如果心存善心，他人也会以善心与之相应。足见，因果之理不可不了知畏慎。

然而，上品下生的修净行者虽信因果，不谤大乘。但这类的行者也仅能发无上道心，即发心念佛，持戒行施等，而缺乏上品中生之持诵经典、善解义趣二种。

随喜思惟读经句

《佛说观无量寿佛经》所论的上品往生的情况，有上品上生、上品中生、上品下生等三种，我们在这里稍做回顾，并整理一下这三类往生者的往生因。

在第十四观里所论的上三品的往生情况有五种：一、发菩提心，属大乘心；二、解第一义，属大乘解；三、修行诸行，属大乘行；四、深信因果，属大乘信；五、回向往生，属大乘愿。

在这五种法义里，上品上生的修净行者在修持上是完全具足这五种，如前文所述的三心：一者至诚心；二者深心；三者回向发愿心。三行：一者慈心不杀，具诸戒行；二者读诵大乘方等经典；三者修行六念，回向发愿，愿生彼国。这三心、三行即是涵盖五种法义。此外，上品中生的修净行者，则具有四种法义，而仅缺少"大行"；上品下生的修净行者，则具有三种法义，缺于解行。

如从这样的角度分判，假若没有第一种"发菩提心"，则无法成就上品往生，可见发菩提心的重要；假若没有第四、五种，便不得往生极乐世界。因此，我们可做这样的断言，上三品的往生者，即能达至补处位、不退位，皆是大菩萨。

若有众生，受持五戒，持八戒斋，

修行诸戒，不造五逆，无众过患；

以此善根，回向愿求，生于西方极乐世界。

经句出处

中品上生者：若有众生，受持五戒，持八戒斋，修行诸戒，不造五逆，无众过患；以此善根，回向愿求，生于西方极乐世界。临命终时，阿弥陀佛，与诸比丘、眷属围绕，放金色光，至其人所，演说苦空无常无我，赞叹出家得离众苦。

——刘宋·畺良耶舍译:《佛说观无量寿佛经》

词语解释

五戒：指杀生、偷盗、邪淫、妄语、饮酒等五种制戒。
八戒斋：佛陀为在家弟子制定暂时出家的学处，受持者须一日一夜离开家庭，赴僧团居住，以学习出家人的生活。 **五逆**：指害母、害父、害阿罗汉、恶心出佛身血、破僧等五种重罪。

经句语译

修净行者必须受持五戒，及八关斋戒，以及修持其他戒法，并且不能违犯五逆重罪，没有种种过失；以这些善根回向，愿意往生极乐国土。

经句的智慧

中品上生的往生者，须能受持五戒，持八戒斋，修行诸戒，不造五逆，无众过恶。此修净行者临命终时，阿弥陀佛与诸比丘、眷属围绕在身旁，放金色光；修净行者见到景象时，心生欢喜。这里主要强调中品上生的往生条件是须持五戒、八戒斋，以及不造五逆重罪。

五戒是为在家男女所受持的五种制戒，又作优婆塞五戒、优婆塞戒。在杀生、偷盗、邪淫、妄语、饮酒的前四戒属"性戒"，是非守不可，无论当初佛陀是否制此四戒，修行者无论何时何地皆须持守；最后的饮酒戒属"遮戒"，因为饮酒多有过失，会引犯诸戒，为了使众生不毁犯其余律仪，所以佛陀特意遮止，避免由此引发其他犯罪。

八戒斋又叫八关斋戒，是指在一日一夜内学习出家生活，"八"指持八种戒，即：一、不杀生；二、不偷盗；三、不淫；四、不妄语；五、不饮酒；六、不以华鬘装饰自身，不歌舞观听；七、不坐卧高广华丽床座；八、不非时食。"关"即掩闭之意。"斋"指八戒中前七支为戒，后一支不非时食为斋。"戒"有防非止恶之作用。能持八关斋戒，便可防止身口意三业即将萌发的恶行，关闭恶道之门。再者，受持八关斋戒的行者，因为一日一夜持不淫戒，故又可以称为"净行优婆塞"或"净行优婆夷"。佛陀制定八关斋戒在每月的六斋日受持，即每月八日、十四日、十五日、二十三日、二十九日、三十日。

五逆指害母、害父、害阿罗汉、恶心出佛身血、破僧等五种罪业。前面害母、害父两种，为弃恩田；因为父母、师长、和尚、阿阇梨等，是对自己有恩德的人，倘若能知恩、感恩、报恩，则可生福德，好比田地能滋生、长养谷物，所以叫作恩田。后面恶心出佛身血、破僧三种，则坏德田；因为佛及阿罗汉等证果的圣者，都具足诸胜功德，对他们行供养则能生福德，犹如耕种田地而得长养万物，所以叫作德田。

随喜思惟读经句

根据《杂譬喻经》记载，一位老者嗜酒如命，佛陀的弟子阿难时常前往劝谏。但老者不听从劝导，依然饮酒如故。

有一天，老者醉醺醺地走回家，踢到路边树根，跌倒在地，异常疼痛。面对这般痛楚，相当后悔，心想："阿难尊者常常劝我要亲近佛陀，我却不肯听从，还告诉他，我如不喝酒，将像婴没喝母乳一样，马上会死。使得自己现在摔得全身痛不可言。"老者回家后告诉家人要前往佛所，大家听了相当惊讶，心想："为何一直不肯前去拜见佛陀，现在突然改变心意？"

老者来到精舍，阿难赶紧禀告佛陀："那位嗜酒如命的老者已经来到精舍了。"佛陀说："他是由五百只白象拖来的。"阿难回答："没有五百只白象，是他独自来的。"佛陀告诉阿难："这五百只白象早已在老者身心里。"于是阿难带领老者，顶礼佛足。佛陀问道："如果累积五百车的木柴，要用火把它烧尽，需几车的火才能烧尽呢？"老者很有信心地回答："根本不用大火，只要如豆一般的火苗，便可烧成灰烬！"佛陀又问："你身上这件衣服穿多久了？"老者说："一年多了。"佛陀又问："那么，想洗去污垢，需要几年？"老者不假思索地答道："佛陀，只要有纯灰汁一斗，一下子便能洗净。"佛陀听完后，开示老者："你所累积的罪业就像那五百车的木柴，亦如同穿了一年多衣服上的尘垢，只要你受持五戒，即能得到清净。"于是佛陀便为他说法，老者心开意解，旋即得不退转的果位。

护持戒法而不破戒，是修行者的基本要求。持戒能使众生安适、清凉，远离热恼烧身，这即是持戒功德。持守佛戒能正确地走向解脱，而且受持诸戒，能产生一切等次的禅定和灭除苦恼的智慧，所以应当坚持净戒，不让自己毁弃和违犯。如果能坚持净戒，则能拥有一切世出世间的善法，如不能坚持净戒，所有的胜善功德都不会生起。所以应该要知道，持戒是最能获得安稳功德的着力处。

若有众生，若一日一夜，持八戒齐；

若一日一夜，持沙弥戒；

若一日一夜，持具足戒，威仪无缺；

以此功德，回向愿求，生极乐国。

经句出处

中品中生者：若有众生，若一日一夜，持八戒斋；若一日一夜，持沙弥戒；若一日一夜，持具足戒，威仪无缺；以此功德，回向愿求，生极乐国，戒香熏修。如此行者，命欲终时，见阿弥陀佛，与诸眷属，放金色光，持七宝莲华，至行者前。

——刘宋·畺良耶舍译:《佛说观无量寿佛经》

词语解释

沙弥戒：沙弥所受持的十种戒：不杀戒、不盗戒、不淫戒、不妄语戒、不饮酒戒、离高广大床戒、离花鬘等戒、离歌舞等戒、离金宝物戒、离非时食戒。 **具足戒**：指比丘、比丘尼所应受持的戒律。因为跟沙弥、沙弥尼所受的十戒相比，戒品具足，所以称为"具足戒"。

经句语译

修净行者能于一日一夜受持八关斋戒；能于一日一夜受持沙弥戒；能于一日一夜受持具足戒，使自身的威仪端正，没有缺失，以这些功德回向，愿意往生极乐国土。

经句的智慧

中品中生的修净行者须一日一夜受持八关戒斋；或一日一夜受持沙弥、沙弥尼戒；或一日一夜受持具足戒，而且行住坐卧四威仪都不犯，以此持戒的功德，回向愿求生极乐国。修净行者临命终时，看见阿弥陀佛与诸眷属，放金色光，持七宝莲华至行者前。这主要是对在家居士的教示，让在家居士学习出家生活，弃绝纷乱，一向专心行道，并以此功德回向往生。

佛教所谓的七众弟子中，优婆塞（男居士）与优婆夷（女居士）二众属在家众，其余比丘、比丘尼、式叉摩那、沙弥、沙弥尼等五众，则为出家众。在《出家功德经》里说，一天出家也有无限的功德，由此可见这节经文的教导要义，在家居士能够学习出家生活，功德无可限量。

随喜思惟读经句

在《杂宝藏经》里有一则关于受持八关斋戒，而获得殊胜果报的故事。某一日，忉利天化生一位天女，此女的容貌庄严超群，胜过所有天人。忉利天王释提桓因知道其中必有缘故，于是询问天女过去生作何善业，今日才能感得这般殊胜的果报。天女回答："我于迦叶佛时代，因受持一日一夜的八关斋戒，清净而没有毁犯诸戒，所以如今才得以化生天上，获得端庄秀美的果报。"

释提桓因听了赞叹说："诸佛如来真是众生无上的功德福田，能让众生长养最良善的果实；只因过去微小善因，就能获得如此深厚福报。"

天女感念佛德，因此手持华盖、鸣众天乐，来到精舍顶礼佛陀。佛陀为她开示佛法，天女当下证得阿罗汉果。

由上例可知，我们在这个五浊恶世的娑婆世界，若能依照佛法所训，于一日一夜之间，正心正意守持八关斋戒，防止身口意三业之恶行，不但可关闭恶道之门，熏习长养出世善根，其功德可作为往生极乐国土之资粮。

此人命欲终时，遇善知识，

为其广说阿弥陀佛，国土乐事，

亦说法藏比丘，四十八愿。

经句出处

中品下生者：若有善男子、善女人，孝养父母，行世仁
慈。此人命欲终时，遇善知识，为其广说，阿弥陀佛，国土
乐事；亦说法藏比丘，四十八愿。闻此事已，寻即命终。譬
如壮士，屈伸臂顷，即生西方极乐世界。

——刘宋·畺良耶舍译：《佛说观无量寿佛经》

词语解释

善知识：指正直而有德行，能教导他人走向正道的人。
法藏比丘：是阿弥陀佛在过去因位时的名号，法藏比丘经世
自在王佛授记成佛。 **四十八愿**：法藏比丘在因位时所发的
四十八个救度众生的大愿。

经句语译

此人临命终时，能够遇到善知识，向他广说阿弥陀佛极

乐国土的种种情景，也为他说明法藏比丘所发的四十八大愿。

经句的智慧

中品下生的修净行者，不能受持五戒，持八戒斋，修行诸戒，故退而求其次地要求"孝养父母"，并且"行世仁慈"，博施济众。由于这等众生在生前积善，所以临终能够遇到善缘，即遇到善知识为他开导。不过，须注意的是，修净行者在临命终时，其妻儿能开导他念佛保持正念，妻儿则为善知识，所谓的善知识不局限于出家僧人或与往生者不熟悉的一般俗家人士。

临命终的行者因遇善知识为之开导，因而发心猛利，在片刻之间旋即往生极乐国土，如同壮士屈伸臂顷，只需少顷时刻。当在此娑婆国土命终之际，正是行者在彼国往生之时，二者没有丝毫的时间差。上文所论的中品上生、中品中生、中品下生等三品，为中辈的往生条件及其情况，这在《观无量寿佛经》里名为第十五观。

随喜思惟读经句

孝顺、奉养父母是天经地义之事，本当如此。《孝经·三才》亦有云："夫孝，天之经也，地之义也。"佛教对于劝诫世人孝养父母，不遗余力，弥勒《劝孝偈》曰："堂上有佛二尊，恼恨世人不识，不用金彩装成，非是旃檀雕刻；即今现在双亲，就是释迦弥勒，若能诚敬得他，何用别求功德。"

清代善书《感应类钞》有这么一则故事。从前，在安徽有位名叫杨黼的读书人，因听闻四川的无际大师是位得道高僧，想向其求法，于是辞别父母，前往四川，结果在半途中，遇见了一位老和尚，和尚问他要去哪里？他回答要到四川向无际法师求佛法。老和尚说："见无际，不如见佛。"杨黼乃问："请问佛祖在哪里？"老和尚答说："你回家，看见一位身披外衣、鞋子倒穿的人就是了。"杨黼听了，马上打道回府，到家已是半夜，敲门呼唤家人。母亲知道是儿子回来了，非常高兴地赶忙下床开门；在匆忙间，身上仅是披着外衣，而鞋子也穿颠倒了。杨黼一见此景立刻醒悟，从此竭尽心力来孝敬父母。

这便是《劝孝偈》所要表达的。莲池大师曾为"孝"定为三等，云："人之于父母，服劳奉养以安之，孝也；立身行道以显之，大孝也；劝以念佛法门，俾得生净土，大孝之大孝也。"可见，修净行者不但要做好世间孝，更须劝父母念佛，往生极乐国土，完成出世间之大孝。

命欲终时，遇善知识，为说大乘十二部经，

首题名字，以闻如是诸经名故，

除却千劫，极重恶业。

经句出处

下品上生者：或有众生，作众恶业，虽不诽谤方等经典，如此愚人，多造恶法，无有惭愧。命欲终时，遇善知识，为说大乘十二部经，首题名字，以闻如是诸经名故，除却千劫，极重恶业。

——刘宋·畺良耶舍译:《佛说观无量寿佛经》

词语解释

十二部经：将佛陀所说教法分成十二类：契经、应颂、记别、讽颂、自说、因缘、譬喻、本事、本生、方广、希法、论议。

经句语译

这一类人临命终时遇到善知识，为他讲说大乘十二部经的经题与名字。由于听闻十二部经的经题与名字，得以灭除一千劫的极恶重罪。

经句的智慧

这节经文主要讲述下品上生的情况,首先指出"或有众生,作众恶业",是说下品往生的众生,都是凡夫,而且是些作恶业的凡夫。这里下品上生的人,尚且作众恶业,等而下之的下品中生和下品下生的人,就可想而知了。这些愚痴的人,虽然不诽谤大乘方等经典,但只是没有造诽谤大乘经典的罪而已,其他恶业造得很多,所以说"多造恶业"。这些愚痴的人造了恶业,还没有惭愧心,不知道羞耻。

这些愚痴的人造的恶业较轻,临命终时,得有遇到善知识的机缘,为他说大乘十二部经的名字。此事非常不容易,比如说信佛的人何其多,但能熟悉十二分教名义的人,实则不多。这等恶人在临终仓促之间遇到善知识,若不是夙世善根刚好在这个时候成熟,何能得此巧遇?纵使有人能为他详说十二分教,他在痛苦昏迷之际,恐难谛听。所以说能够成就此事,殊不易也。

再者,能够听闻经名,灭除千劫重罪,已经是属于不幸中之大幸的事,但如跟称念佛名灭除五十亿劫生死之罪相比较,则相差犹远。况且,称佛名简便易行,心得以专注。假若听闻经名,不但不是这些愚痴的人所能了解,扞格不入的情况必然产生,所以其功用较称念佛名,远远不及。尤须注意的是,"称南无阿弥陀佛,称佛名故"这个"称"字,前面所讲的是观想念佛,回向发愿念佛,没有持名念佛的意涵在里头,直到这下三品才讲持名念佛。

随喜思惟读经句

净土法门之"称名念佛"与"十念"乃众所周知之两项议题，且属净土思想之基本要义。此基本要义要为弥陀净土法门之立教基址，故涉入之哲理甚深。

就佛教的修持方法而言，"称名"并不等于"念佛"；"称名念佛"也不是净土法门所独有的，"称名念佛"通于十方现在及过去佛。再者，"称名"是佛弟子日常生活中的宗教仪式，本来不是佛教的修行方法，如佛弟子归依三宝，归依礼敬时，就称说"南无佛"、"南无法"、"南无僧"。从原始佛教《杂阿含经》、《增壹阿含经》便谈及念佛，到大乘佛教《法华经》、《观佛三昧海经》等，皆可见到念佛的说法。从《增壹阿含经》所言，可以看出佛对诸比丘众所说的念佛是在三念（佛、法、僧）或六念（佛、法、僧、戒、施、天）之中独立发展，而逐渐发展组织成"十念法"。但是，后来所言之口称念佛，不是今日一般通用的口称念佛，实则释尊时代并没有称名念佛。

因此，可以这么说，称名念佛在原始佛教僧团是弟子对佛陀极为单纯的称呼，后来为了度化在家弟子，运用当时生天的世俗信仰，作为弟子的修行方法，如常见的"南无佛"或"南无如来"。然而，在大乘佛教所谓持名念佛，经论作"称名"，其功德极大，现生得以消除灾障，并能以信心称念佛名而引入大乘正道。这是修持方法的演变历程。

或有众生，毁犯五戒、八戒，

及具足戒，如此愚人，偷僧祇物，

盗现前僧物，不净说法，无有惭愧。

经句出处

下品中生者：或有众生，毁犯五戒、八戒，及具足戒，
如此愚人，偷僧祇物，盗现前僧物，不净说法，无有惭
愧。……遇善知识，以大慈悲，即为赞说阿弥陀佛，十力威
德，广赞彼佛，光明神力，亦赞戒定慧，解脱，解脱知见。

——刘宋·畺良耶舍译：《佛说观无量寿佛经》

词语解释

僧祇物：属于僧尼团体的一切物资，又作"僧物"、"僧
伽物"。

经句语译

有些众生毁犯五戒，有的毁犯八戒，有的毁犯具足戒。这
些愚痴的众生有的偷盗僧团物品，或有的窃取他人供养僧人的
东西，也有的专说不净之法，这些人一点都不感到惭愧。

经句的智慧

这节经文的训勉对象，包含道俗二类：俗人或毁五戒八戒，比丘或犯具足大戒。这两类的行者，皆是不智的大愚人。由于所犯戒罪，以偷盗僧物最重，故特别标举，以警示众生。

此外，所谓"常住物"，指：一、常住常住，即众僧厨库，寺舍众具，陀果树木，田园仆畜等。这种常住物是体通十方，不可分用。二、十方常住，即供僧饮食等。这种常住物也是体通十方，但只局限本座寺院。所谓"现前僧物"也有两种：一、现前现前，即根据俗众所布施的衣药房具等，无论多寡旋即分发给本座寺院的僧众。二、十方现前，即作相普施，例如亡僧所遗留的经物，可分赠十方僧。如果盗取这四种僧物，皆犯下极重恶罪。

说"不净说法"者，假托佛法，希求利养。"无惭愧"者，公然造作，内无羞耻。通常我们是用善法来自我庄严，但这恶人是以"恶迹盈满"来"庄严"自身。对于自己所造的恶业，沾沾自喜，自以为是，如此罪恶深重之人应该堕入地狱，临命终时，会感到地狱之种种业火齐头向他扑来。但是他得遇善知识，善知识以大慈悲心为他赞说阿弥陀佛的十力与种种威严功德，并广赞阿弥陀佛的光明神力、戒定慧三学、解脱德、解脱知见等种种佛法，即灭除八十亿劫生死之罪。

随喜思惟读经句

在《百喻经》里有一则"唵米决口喻"的故事,譬喻因贪念而偷盗的果报。故事是这样的:曾有一人到丈母娘家去,在娘家时,他的妻子帮忙捣米,他趁妻子不注意时偷了一把米含在嘴里。妻子想跟他说话,但他满口塞满着米,唔唔地说不出话来。因为怕妻子知道他偷米而取笑他,所以不肯吐出来,也就不敢说话。妻子甚觉奇怪,用手摸他的脸,以为他嘴肿了起来,便对父亲说。她父亲随即叫医生替他治疗。医生就用刀子割破他的嘴巴,偷米的事情最后还是败露了。世人也是这样,做了种种恶行,就把过错覆藏起来,不肯发露,最后堕入地狱、畜生、饿鬼等恶道中。

修行者首先须破除贪念,人间的罪恶,大多由贪念而起。一时贪念,自毁前程。这里谈及悭贪习气及偷盗僧物的问题,可见这是在不经意下容易犯的过失,非得谨慎小心不可。

或有众生，作不善业，五逆十恶，
具诸不善，如此愚人，以恶业故，
应堕恶道，经历多劫，受苦无穷。

经句出处

下品下生者，或有众生，作不善业，五逆十恶，具诸不善，如此愚人，以恶业故，应堕恶道，经历多劫，受苦无穷。如此愚人，临命终时，遇善知识，种种安慰，为说妙法，教令念佛，彼人苦逼，不遑念佛，善友告言："汝若不能念彼佛者，应称无量寿佛，如是至心，令声不绝，具足十念，称南无阿弥陀佛。"

——刘宋·畺良耶舍译：《佛说观无量寿佛经》

词语解释

十恶： 由身口意所发起的十种恶行，即杀生、偷盗、邪淫、妄语、两舌、恶口、绮语、贪欲、嗔恚、邪见。

经句语译

有些众生造作不善业，有的造作五逆十恶重罪，有的恶业作尽，这些造作恶业的愚痴之人，应该堕入三恶道，经历无限长的时间，受尽无穷的苦难。

经句的智慧

作恶者能够往生极乐世界，这种情况违反正常律令，使得大家都深感疑惑而难以信入。然而，这正反映出阿弥陀佛对造作五逆十恶的众生的救度悲怀。这些造作恶业的愚痴之人，本应堕入三恶道，经历多劫苦难。但这些愚痴之人若在临终前遇到善知识，给予种种安慰，并为他广说各种妙法，教导他观想念佛。假使这种愚痴之人被种种痛苦逼迫，无心力观想念佛的话，善知识会跟他说："如果你不能观想阿弥陀佛的话，就称念无量寿佛，如此至心称念，念念不断，直到念足十念的阿弥陀佛。"由于他称念佛名，在每一念中都灭除八十亿劫生死之罪。此人临命终时，会看到像太阳一样大的金莲华出现，在一念的短暂时间内，便往生至西方极乐世界。

然而，这里须注意的是，吕碧城（一八八六——一九四六）的《观无量寿佛经释论》指出："下品下生为极恶之辈，所造为五无间业，亦世所共知。然有为世人所忽略而易犯者：为诱污僧尼，或不自作而教他作，如戏院演剧，及下流文人著作小说弹词，以为绮艳韵事；玷辱佛门，坏他梵行，亦属无间地狱之业。愚者幸勿自贻伊戚。"真如杜甫（七一二—七七〇）所言"文章千古事"，这种传之千古的事业，能不谨言慎行，而造作出无间地狱而不自知！能够执笔为文的文人雅士，是今生福慧之果报，然而，文章写得好坏、正误与否，对作者而言是"得失寸心知"。因此，凡有责任感的文人与作家，都应奉为座右铭。

随喜思惟读经句

这节经文的下品下生的往生者，在世时造作无穷恶业，但因遇到善知识为其开解，为说妙法，并教其称念佛名。这种巧遇不是人人皆有，须是过去世曾种此善因，否则无法如愿，如同《妙法莲华经·妙庄严王本事品》所云："善知识者，是大因缘。"

在《撰集百缘经》有一则故事言及作恶愚人遇到佛陀的怜愍救拔，后来跟随佛陀出家修行，证得阿罗汉果。佛陀在舍卫国祇树给孤独园弘法时，城中有一位名叫"如愿"的愚痴之人，到处为非作歹，好喜杀生、偷盗、邪淫，真是无恶不作。一日，如愿被人控告，遭到官府逮捕，判处死刑。送往刑场之际，巧遇释尊，如愿顶礼佛陀，并向佛陀忏悔所犯的种种罪行，祈求佛陀怜愍救拔，替他向国王求情，赦免死罪，让他跟随佛陀出家修行。

佛陀答应如愿的请求，马上派阿难尊者向波斯匿王陈情，说："佛陀今日想请国王开释一个罪人，并成就他出家修行。"波斯匿王答应，立即释放如愿，将他交给释尊，令他出家。跟随佛陀出家修行的如愿，精勤用功，没多久就证得阿罗汉果。比丘们看到如愿不仅在临死前能巧遇释尊，临死得以逃脱，免受刑罚；随佛修行未久，又得道证果，不禁欢喜赞叹。

如愿在过去世因种下得度因缘，因而此世得以在临命终时巧遇佛陀为其开解生死烦恼。然而，有多少人具有这种"巧遇"的善因缘，恐千万人而不得其一。因而平常老实念佛，念到心中只单纯一念，预知时至，方是极则。

一时，佛住王舍城，耆阇崛山中，

与大比丘众，万二千人俱，

一切大圣神通已达。

经句出处

我闻如是：一时，佛住王舍城，耆阇崛山中，与大比丘众，万二千人俱，一切大圣神通已达，其名曰：尊者了本际、尊者正愿、……皆遵普贤大士之德，具诸菩萨无量行愿，安住一切功德之法，游步十方，行权方便，入佛法藏究竟彼岸，于无量世界现成等觉。

——曹魏·康僧铠译：《佛说无量寿经》

词语解释

王舍城：中印度摩羯陀国的都城，为频娑婆罗王、阿阇世王、韦提希夫人等在位时的都城。 **耆阇崛山**：意译作灵鹫山、灵山，位于中印度摩羯陀国首都王舍城之东北侧，为佛陀说法之地。

经句语译

当时佛陀在王舍城的耆阇崛山中，与一万二千位大比丘在一起，这些大比丘都已证得阿罗汉果的圣人，并通晓洞达于各种神通。

经句的智慧

这句经文是《佛说无量寿经》首句，提出了"通序"所谓的"六事成就"。佛经通常将一经区别为"序分"、"正宗分"（本论部分）与"流通分"（说明该经之功德而劝人流通之部分），称为三分科经。这种作法在印度始于《佛地经论》，在我国则创于东晋道安〔三一二（一说三一四?）—三八五〕。

"序分"又分为两种，即：一、通序，指从"如是我闻"（本经言"我闻如是"）至该经所举听众之经文部分（如"与大比丘众万二千人俱"云云），乃共通于一切经典之体裁。二、别序，指通序下之经文，依各经而异。通序乃为使众生起信之部分，又称"证信序"；别序则为述说该经因缘之部分，又称"发起序"。

通序又分六成就，即信（如是）、闻（我闻）、时（一时）、主（佛）、处（在……）、众（与大比丘众……）。所谓成就乃指在每一句子里面，完全具备欲说的内容而言；佛教认为佛经之通序必须具备上述六个条件。此外，亦有将主、处成就合一，而称为"五成就"；亦有将闻成就分为我、闻二成就者，则为"七成就"。

随喜思惟读经句

佛陀一生中，长居的说法处有二：一是舍婆提城，另一个就是经文所提的王舍城。其中，佛陀居住时间最长的是王舍城。佛陀长居王舍城说法的原因是，摩揭陀国的频婆娑罗国王在佛陀证道前，曾请求佛陀得道后，先至他的国都王舍城接受供养，释尊默许之。

频婆娑罗王是佛教初创时期最早的护持者，他在王舍城为佛陀建了第一座精舍。有一次，佛陀和弟子们来到精舍接受国王的供养，并为其说法，国王因而证得初果，于是向佛陀请求："希望释尊能长住王舍城，受我供养。"佛陀接受了国王的邀请，所以大部分时间都住在王舍城。

王舍城的耆阇崛山就是一般所称的"灵鹫山"，相传佛陀常在此处说法，所以经文云："佛住王舍城，耆阇崛山中，与大比丘众，万二千人俱，一切大圣神通已达。"相传佛陀便是在灵鹫山上亲口宣说《法华经》。因此灵鹫山成为后世教徒常往的朝圣之所。

今日世尊，诸根悦豫，姿色清净，
光颜巍巍，如明镜净，影畅表里。

经句出处

尔时世尊，诸根悦豫，姿色清净，光颜巍巍。尊者阿难，承佛圣旨，即从座起，偏袒右肩，长跪合掌，而白佛言："今日世尊，诸根悦豫，姿色清净，光颜巍巍，如明镜净，影畅表里。威容显耀，超绝无量，未曾瞻睹，殊妙如今！"

——曹魏·康僧铠译：《佛说无量寿经》

词语解释

悦豫：喜悦，愉快。 **巍巍：**高大、崇高的意思。 **表里：**表面和内部，内外的意思。

经句语译

今日释尊的六根呈显无限的喜悦，姿态和仪容极为清净，容貌光明庄严，就像镜子一样明净，可以内外鉴照。

经句的智慧

释尊具备众德，为世人所钦仰，他诸根悦豫是为了示现欢喜相给众生观看，让众生产生欢喜心而信入佛教。他姿色清净，是为了示现欢喜的脸色，由于清净，所以他的容貌没有惨凄之状。经文进一层形容释尊"光颜巍巍"，是再次强调释尊显现欢喜的容颜。然而，我们要问释尊为何而喜？这里的"喜"有两层意涵：一是念及无量寿佛所修所成的净土，将为摄化众生的方便，可庆可喜；二是感念五浊众生即将进入弥陀法门，获得无穷利益的时机已经到来，因此欢喜。

性梵法师（一九二〇——一九九七）说："我们更要从此体会，只要一个人是至心在念佛，必然是诸根悦豫，姿色清净。因为佛是具有常乐我净四德，至心念佛，心即是佛。有其内必有其外，当然表现在外面的，也是欢乐清净。你如不是至心念佛，那就没有。所以一个念佛的人，假使是终日愁眉苦脸，虽然终日在念佛，等于没有念，也没有懂得念佛的功夫。本师现在给我们一个示范，大家应该好好效法。"此说甚为得当，值得吾人深深体会。

随喜思惟读经句

释尊殊胜的法相摄受无数众生，使得这些众生追随释尊出家或是跟随释尊修习佛法。《大乘本生心地观经》形容释尊"金光百福庄严相，发起众生爱乐心。"这百福庄严之相好，让无数的弟子初次见到，即决意皈依，例如婆罗门富豪的大迦叶尊者，在多子塔边遇到释尊坐在树下，他被佛陀的相好容颜所慑受，立誓加入佛陀的教团修习佛法；富可敌国的须达长者，到南方作客时，晚上在半路上遇到佛陀，他在月光下看到释尊的圣容而极度感动，跪在地上请求佛陀到他的故乡去宣扬真理，普度众生。

我们都知道提婆达多处处陷害释尊，为了抢夺教团的领导地位而收买六个强盗行刺佛陀，但这六个强盗被释尊的金容所摄服，放下刀剑跪倒在释尊面前忏悔。鸯掘摩罗是个杀人不眨眼的魔王，佛陀特地安排在路上与他相逢，穷凶极恶的鸯掘摩罗看到释尊佛陀的金容，打了个寒战，接着热泪盈眶，伏地接足，请求释尊拔济，剃度出家。可见释尊的金容含藏着无限的慈悲与威严，为数不少的众生见到此万德庄严的相好，化暴戾为祥和，走上修习佛法的大道。

今日世尊，住奇特之法；

今日世雄，住诸佛所住；

今日世眼，住导师之行；

今日世英，住最胜之道；

今日天尊，行如来之德。

经句出处

唯然大圣，我心念言："今日世尊，住奇特之法；今日世雄，住诸佛所住；今日世眼，住导师之行；今日世英，住最胜之道；今日天尊，行如来之德；去来现在，佛佛相念，得无今佛，念诸佛耶？何故威神光光乃尔？"

——曹魏·康僧铠译：《佛说无量寿经》

词语解释

世雄：佛陀的尊称，表佛于世间最为雄猛。 **世眼**：佛陀的尊称，表佛为世间人天眼目。 **世英**：佛陀的尊称，表佛之妙智最为英胜。 **天尊**：佛陀的尊称，表佛的尊贵高于天神。

经句语译

今日释尊住于奇特之法位；今日世雄住于诸佛境界；今

日世眼住于化度世人之导师行；今日世英住于最殊胜之道；今日天尊行如来之德。

经句的智慧

释尊住于奇特之法，意思是说今日释尊畅演《佛说无量寿经》，这是奇特之法。一念往生，已很奇特；而且往生后便能住于不退转位，好比登地的大菩萨，真是太奇特。

释尊于世间里最为雄猛，他的雄猛是来自于救度众生而施无畏，所以我们称释尊为世雄。今日世雄住彼诸佛所住，因为十方三世诸佛，同共一法身，数穷横遍，无所不住，能起化用。所以说"住诸佛所住"。

"世眼"，也是释尊的异名，此"世眼"表明释尊能够开启世人的眼目，令见正道。释尊以四摄法等摄受众生，住于化度世人的导师行，欲教导世人信入佛法。

"世英"，也是释尊的别号，此"世英"表明释尊于世间最为英胜，赞美释尊才智超胜。

"天尊"，也是释尊的异名，"天"约略为五种：一、世天，如世间称帝王为天子。二、生天，即欲界、色界、无色界等三界诸天。三、净天，即五净居天，证得初果至四果罗汉所居住。四、义天，即诸法空性，证得菩萨果位者所居住。五、第一义天，即指非有非空的法身佛性说，唯佛所证，故称佛为第一义天，在五天中最尊最上，故名天尊。释尊"行如来之德"，即指释尊之智无不圆、惑无不尽、生无不度，自觉觉他，觉行圆满。从本经的角度而观，释尊要为一切众生演说《无量寿经》，这便是如来之德。

随喜思惟读经句

释尊住于奇特之法位，本指释尊安位于真如，但就净土法门的特别意说，即释尊现今要说的《佛说无量寿经》是最为殊胜之法，亦是救度众生成佛之究竟法。善导大师曾依据《佛说无量寿经》所云"宜各勤精进，努力自求之，必得超绝去，往生安乐国，横截五恶趣，恶趣自然闭，升道无穷极"，而指出"横超断四流"，即为顿教一乘之义，这也是弥陀本愿令恶业众生横超三界的真实义。换言之，能够在此娑婆世界横断三界五趣的生死流转，而往生于极乐世界，是为净土法门之奇特、殊胜要法。

净业行者勤勉于持名念佛，并信愿佛力，必能横超三界，往生极乐净土，速证佛果，这就是最为奇妙、最为殊特之法门。

如来以无尽大悲，矜哀三界，

所以出兴于世，光阐道教。

欲拯济群萌，惠以真实之利。

经句出处

如来以无尽大悲，矜哀三界，所以出兴于世，光阐道教。欲拯济群萌，惠以真实之利。无量亿劫，难值难见。犹灵瑞华，时时乃出。今所问者，多所饶益，开化一切诸天人民。

——曹魏·康僧铠译：《佛说无量寿经》

词语解释

三界：指众生所居之欲界、色界、无色界。 **道教**：佛陀所说的教法，指佛道、佛教而言。 **群萌**：众民、百姓。这里泛指一切众生。

经句语译

如来佛以无尽的大悲心，哀怜三界一切众生，他出现于世间是为了阐扬教法，拯救一切众生，并施予真实的利益。

经句的智慧

印光大师说："净土法门，实为如来一代时教，契理契机之特别法门。以故往圣前贤，人人趣向，千经万论，处处指归。"我们都知道"药无贵贱，瘳病者良"；法无浅深，合机者妙。但在末法时期，人根陋劣，如果不仰仗如来的宏誓愿力，恐怕难有众生能够顿断烦惑以跳脱轮回，乃至彻见本性而证得无生！

佛法是一切众生即心本具之法，于众生心外，了无一法能有所增益。由于一切众生之心，当体与佛无二无别，但因迷惑而未能证悟，故而起惑造业，随业受苦。如来由是兴无缘慈、运同体悲，随顺机宜，与众生说示教法。虽然大、小、权、实、偏、圆、顿、渐，随机施设，种种不同法门，无非欲令一切众生，背尘合觉，返迷归悟，出幻妄之生死，成本具之佛道而已。

然而，众生业障深重，未易消除烦惑，因此特别开出信愿念佛之净土法门，俾使一切若圣若凡、或愚或智的众生，同仗弥陀宏誓愿力，往生西方极乐世界。在彼世界修习，则容易返复本具之心性，成就无上菩提。印光大师说："念佛求生净土法门，乃如来一代时教中之特别法门。"末法浊世的钝根众生，理当选择契理而又契机的法门，专精致力，庶可仗佛慈力，横超三界，于此一生，即了百千万劫不易了之生死大事。

随喜思惟读经句

诸佛菩萨以无尽悲心，哀悯三界的一切众生，所以出现于世间，为了"光阐道教，拯济群萌"，释尊在此五浊恶世说法四十九年，他的唯一目的即是教导众生称念南无阿弥陀佛，俾使众生能够一生成就，了脱生死。

诸佛菩萨兴无缘慈、运同体悲，以无分别智，行平等慈悲，拯济群萌。可以这么说，佛菩萨不亏欠众生，只众生负了佛菩萨。如《大势至菩萨念佛圆通章》里"母子相忆"的比喻：佛忆念众生，而众生不忆念佛，而且，佛专念众生，未尝不在众生面前，故若逢若见；众生不念佛，故佛虽在众生面前，而不逢不见。反之，倘若佛与众生能够像母子一般，彼此相忆，则永不相隔。修净行者如懂得此中道理，那么，与佛菩萨交谈的语言，就是称念"阿弥陀佛"。如想跟佛菩萨感应道交，不妨试试，用这种语言作为接收佛菩萨的频率。修净行者应全然放下，速证念佛三昧，以顺利往生极乐国土。须知，尚有一事未放下，尚有分别未止息，就无法证入念佛三昧。

如来正觉，其智难量，多所导御。
慧见无碍，无能遏绝。

经句出处

如来正觉，其智难量，多所导御。慧见无碍，无能遏绝。以一餐之力，能住寿命忆百千劫，无数无量，复过于此，诸根悦豫，不以毁损，姿色不变，光颜无异。

——曹魏·康僧铠译:《佛说无量寿经》

词语解释

正觉: 即无上正等正觉，指如来证悟的真实智慧、真正觉智。　**慧见**: 指佛能达观诸法的深妙智慧。　**遏绝**: 阻止禁绝。遏，抑制、阻止。

经句语译

如来证悟的真实智慧，难以臆测，其智慧能多方导引众生。而且，如来达观诸法的深妙智慧，自在无碍，没有任何事物能够遏止。

经句的智慧

如来证悟的真实智慧，极为深广，是超越九法界众生而独尊的智慧。这里说"其智难量"，即是说如来证得无上正等正觉，智慧深广，具有无师智、自然智、一切种智，佛显发这般智慧以度众。相对的，众生虽有这些福智，但因无明而无法显出。谓如来具足世间、出世间法，为众生所依怙。释迦牟尼赞叹阿弥陀佛云："假使一切人，具足皆得道，净慧知本空，亿劫思佛智，穷力极讲说，尽寿犹不知。"真是其智难量，非凡夫或法身大士之菩萨所能思量得到。

诸佛出世是为了教导、调御众生，如《法华经》说："我是如来……释尊，未度者令度，未解者令解，未安者令安，未涅槃者令得涅槃。今世后世，如实知之。我是一切智者，一切见者，知道者，开道者，说道者。"足见化导众生是诸佛之悲心，也是佛之所以为佛的标志。而且，诸佛的"慧见无碍"，得到五眼圆明，观俗观空，自在无碍。佛所成就的福智，无穷无尽，无有任何众生，亦没有任何方法，能把它止断、遏绝。

此外，诸佛以食一餐饭的力用，就能保持亿百千劫的寿命，无数无量，没有比这更长寿的。如来诸根畅悦，不会损毁，风姿神色不会改变，光亮容颜不曾变异。这是为什么呢？因为如来的禅定和智慧已通畅无碍，没有极限，对于一切万物，都能安于殊胜自在的境地。

随喜思惟读经句

　　佛陀度众，悲心无穷，因此我们应跟佛学习，行佛所行、学佛所学，若能如此，必定可以离苦得乐，解脱自在。在宋代的《佛祖统纪》记载一则故事：开封府知府的母亲任氏，平生专心修行净土法门，并用檀木雕刻阿弥陀佛像，恭敬地礼拜。到了九十八岁，生活起居一如常人，毫无老态。一天，忽然告诫其子："人人有个弥陀，奈何抛去。处处无非极乐，不解归来。我将往生，希望你要念佛。"隔天，晨起，烧香供佛，持念佛名，不久即合掌往生。

　　此例就如星云法师所说的："若能心中有佛，眼里看到的，必定都是佛的世界；耳朵听到的，必定都是佛的声音；鼻中嗅到的，必定都是佛的气息；口里所说的，必定都是佛的语言；身体所做的，必定都是佛的事情。人人都能如此，这不就是一个佛的世界吗？"因此我们应以自觉心升华自我，用大愿力行佛所行。

有佛，名世自在王如来、应供、等正觉、
明行足、善逝、世间解、无上士、
调御丈夫、天人师、佛世尊。

经句出处

尔时，次有佛，名世自在王如来、应供、等正觉、明行
足、善逝、世间解、无上士、调御丈夫、天人师、佛世尊。
时有国王，闻佛说法，心怀悦豫，寻发无上正真道意，弃国
捐王，行作沙门，号曰法藏，高才勇哲，与世超异。

——曹魏·康僧铠译：《佛说无量寿经》

词语解释

世自在王：即世自在王佛，此佛为法藏比丘（阿弥陀佛
之前身）在因位修行时的本师。

经句语译

当时有一尊佛出现，名世自在王如来、应供、等正觉、
明行足、善逝、世间解、无上士、调御丈夫、天人师、佛、
世尊。

经句的智慧

这节经文导出世自在王佛，他是法藏比丘在因位修行的本师。这里举出世自在王佛有十大名号，这是诸佛的通号，换言之，诸佛皆有十大名号，因为佛佛道同。不过，虽称为十号，但一般皆列举十一个名号，即：一、如来：谓乘如实之道而来，而成正觉。二、应供：指应受人天供养。三、正遍知：能正遍了知一切法。四、明行足：即天眼、宿命、漏尽三明及身口之行业，皆悉圆满具足。五、善逝：乃以一切智行八正道而入涅槃。六、世间解：了知众生、非众生两种世间，故知世间灭及出世间之道。七、无上士：在一切众生中，佛为无上；如诸法中，涅槃无上。八、调御丈夫：佛大慈大智，时或软美语，时或悲切语、杂语等，以种种方便调御修行者（丈夫），使入涅槃。九、天人师：示导众生何者应作、何者不应作、是善是不善，令彼等解脱烦恼。十、佛：即自觉、觉他、觉行圆满，知见三世一切诸法。十一、世尊：即具备众德而为世人所尊重恭敬。

凡是介绍某一尊佛，必定举出佛的十种圣号，唯有十号具足，才算是佛。每一称号，代表一项佛德，十数表示圆满，代表一切数，故又以"万德庄严"来形容佛所具足的一切福慧。我们平常多用如来、世尊、佛的三种尊称。

随喜思惟读经句

世自在王佛是在燃灯佛以前第四十三尊佛，于一切法得自在，故以德立此名号。每尊佛皆有十号，表示其福慧圆满具足，有大能力度化众生。诸佛悯念众生，无始无终，上自等觉菩萨，下及六道凡夫，无一众生不在佛的大悲誓愿之中。譬如虚空，普含一切，森罗万象，乃至天地，全都包容进去；又如日光，普照万方。

因此，我们应以佛为榜样，行佛所行，勤于修持佛法。古人云："天下最讨便宜，是一勤字。"又云："日日行，不怕千万里。常常做，不怕千万事。"修持佛法不可躁进，须点滴而进；亦不可一曝十寒，懒惰无成。西方名言云："懒惰的处罚是：自己得不到成功，却眼见着别人成功。"吕坤（一五三六—一六一八）的《呻吟语》亦云："'懒惰'二字，立身之贼也。千德万业，日怠废而无成，千罪万恶，日横恣而无制，皆此二字为之。"修净行者可不自勉哉！

时有国王，闻佛说法，心怀悦豫，
寻发无上正真道意，弃国捐王，
行作沙门，号曰法藏。

经句出处

时有国王，闻佛说法，心怀悦豫，寻发无上正真道意，弃国捐王，行作沙门，号曰法藏，高才勇哲，与世超异。诣世自在王如来所，稽首佛足，右绕三匝，长跪合掌。

——曹魏·康僧铠译：《佛说无量寿经》

词语解释

悦豫：喜悦，愉快。　**沙门**：指剃除须发，止息诸恶，善调身心，勤行诸善，希望证入涅槃的出家修道者。

经句语译

当时有位国王听闻佛所说法，心生喜悦，旋即发起追寻无上菩提真义的道心，而舍弃国家与王位，去当一个修行者，法号为法藏。

经句的智慧

法藏比丘未出家前是一位国王，因听闻世自在王佛说法，满心欢悦，立即启发无上正真的菩提心，誓愿上求佛道，下化众生。法藏比丘发此成佛之心，其胸怀极为宽阔，昙鸾大师的《往生论注》说："发无上菩提之心，此无上菩提心即是愿作佛心，愿作佛心者即是度众生心。度众生心即是摄取众生，生有佛国土心。"法藏比丘发愿，即是要摄取一切众生，往生到他的佛国。

法藏比丘既发无上菩提心，便不再贪恋世间名利与享乐，就一般人的想法，国家及王位值得敬重爱惜，也是追逐的对象，但与成佛度生的大事比较起来，那就微不足道了。可见，法藏在凡夫位时即有大丈夫的胸怀，有着圣贤的气味，他的心量宽阔无比，法藏比丘深知人的生命是有限的，但是，救度众生是无限的，他愿意把有限的生命投入到无限的度众的伟业中去。

随喜思惟读经句

星云法师说："多少佛教人士，虽然剃了头，出了家，但是人在山林，心在世俗，充其量只不过是形同沙门；我们宁可人在世俗，心在佛法，做个真正身心出家的法同沙门。"沙门是出家修道者的通称，也是尊称，因为它的意思是"勤劳、功劳、劬劳、勤恳、静志、净志、息止、息心、息恶、勤息、修道、贫道、乏道"，出家修道的人须剃除须发，止息诸恶，善调身心，勤行诸善，希望证入涅槃。否则，只是"形同沙门"，而不是真正配称的"法同沙门"。

佛陀在《佛遗教经》中对出家沙门训示："当自摩头，已舍饰好，着坏色衣，执持应器，以乞自活，自见如是。"强调作为一个沙门释子必须严持净戒，不能失去出家人应有的本色。我们必须了解：越是伟大的人越谦和，佛菩萨都非常慈悲，而我慢与出家法是不相应的。美国富兰克林（一七〇六—一七九〇）也说："不谦虚的话只能有这个辩解，即缺少谦虚就是缺少见识。"宋代朱熹（一一三〇—一二〇〇）亦云："能盈不能谦者，虽成必毁；知进不知止者，虽得必失。"足见，骄傲之后是毁灭，狂妄之后是堕落。走在真理的道路上，应该忧戚与共、患难同当。积极从事佛法的修持，致力于佛学教理研究，使佛教更为进步。

世自在王佛，谓法藏比丘："如所修行，
庄严佛土，汝自当知。"

经句出处

佛告阿难："时世自在王佛，谓法藏比丘：'如所修行，庄严佛土，汝自当知。'比丘白佛：'斯义弘深，非我境界。唯愿世尊，广为敷演诸佛如来净土之行，我闻此已，当如说修行，成满所愿。'"

——曹魏·康僧铠译：《佛说无量寿经》

词语解释

佛土：又作佛国、佛国土、佛界、佛刹。指佛所居住的处所，或是佛所教化的国土。

经句语译

世自在王佛告诉法藏比丘："要如何依法修行，以及建立庄严净土，你自己应当知道。"

经句的智慧

诸佛皆以种种功德来庄严他的净土。法藏比丘在未成佛以前，亲近过无量诸佛，高才勇哲，久修梵行，受持佛智，后来成就极乐世界的两种庄严：依报庄严与正报庄严。所谓正报庄严是指极乐世界里诸善上人俱会一处，有大阿罗汉，以及不退转的大菩萨。因为佛国净土都是此般圣人，所以这圣人也一起庄严佛国净土。而所谓的依报庄严，指净土的环境有七重栏楯、七重罗网、七重行树、七宝池以及八功德水，微风一吹动，诸宝行树都会发出微妙的声音；除此之外，众鸟也会发出雅音，都在念佛、念法、念僧。在《阿弥陀经》里说得很清楚，这些庄严都是阿弥陀佛的愿力所化现，是佛的悲愿，以及修净行者的功德所感应而化现。

印顺导师说："法藏菩萨愿求佛道，希望成佛时的国土，在一切佛国土中是最理想的。世自在王如来为他显示了二百一十亿佛国土。在这么多的佛国土中，选取最理想的，综合为一，从菩萨大行中，成就圆满庄严的净土。换言之，这不是某一净土所可及的，这是集一切净土庄严的大成。"

法藏比丘的志向远大，他不只是停留在思考阶段，而是付诸行动，努力于达成伟大的目标，他经历了五劫，思惟如何摄受最为第一的净土，时间虽然漫长，但一个良好的目标决不会因为慢慢来而落空。如今修净行者亦须行佛所行，学习法藏菩萨的愿行，确立目标，誓往西方极乐净土。俗云："失去人生目标的人，是最不幸的人。"同理，遗忘愿往初心的修净行者，是最愚蠢的人。因为丧失了跳脱轮回的良机。

随喜思惟读经句

我们生活的娑婆世界是释迦牟尼佛的教化土，对众生而言，此土是秽土，但对释尊而言，此土则为净土。因为随其心净则佛土净，所以心净土净，娑婆即常寂光净土；若众生心不净，此土即秽恶不净。足见，佛所见清净，即成无量功德庄严。进一层而言，释尊在灵鹫山说法，凡夫见到的是秽恶不净的灵鹫山。而此净土亦然因"随其心净则佛土净"的缘故，呈显在具足净业的行者心中，因而佛教有一偈语说："佛在灵山莫远求，灵山只在汝心头；人人有个灵山塔，好向灵山塔下修。"佛陀在哪里呢？灵山并非远在印度的灵鹫山，我们内心的真如自性、佛性，就是灵山塔，如想要修行，"好向灵山塔下修"。

譬如大海，一人斗量，经历劫数，

尚可穷底，得其妙宝。

经句出处

世自在王佛，知其高明，志愿深广，即为法藏比丘而说经言："譬如大海，一人斗量，经历劫数，尚可穷底，得其妙宝。人有至心精进，求道不止，会当克果，何愿不得？"

——曹魏·康僧铠译：《佛说无量寿经》

经句语译

譬如有人用斗勺来测量海水，一勺一勺地将海水盛出来，历经无数劫后仍然可以量尽，取得海底妙宝。

经句的智慧

这节经文使用譬喻来说明精进求道，必定能够得果。依佛教的教理所言，由因必得果，因而这里用"克"来强调，只要愿心坚固，依照愿心去修行，没有达不到目的的。这个譬喻就是下面谈到的经文："人有至心精进。"如有至诚心精进，绝不懈怠，那么"求道不止，会当克果"。"克"当"能证"讲，必定得果，称为克果；必能证果，称为克证；必获圣果，称为克圣；必能得其实义、取其实体，称为克实。换言之，世自在王佛告诫法藏比丘至心精进的重要，如能如此行之，将来一定能证得果位。故说："何愿不得？"无论发什么愿？没有得不到满愿。

在《大法鼓经》里亦说："佛告迦叶，如以一毛滴大海水，能令尽不？迦叶白佛言：唯然！能尽。""大海"寓含所发起的愿，甚为广大；"一人斗量"譬指在因位时，行持渐次增上；"经历劫数"是譬指时节长远，"穷底"是譬克果所愿；"得妙宝"是譬指证成正觉。法藏比丘立志勇猛，自当有进。求索精进而不休止，必会成就心中的大愿。

随喜思惟读经句

就世间法而言，立志要如饥渴之于饮食，王阳明（一四七二—一五二九）说："志不立，天下无可成之事。虽百工技艺，未有不本于志者。"有些人为理想而丧生，有些人借理想过日子。何况是出世间法，怎可没有远大目标！只要目标明确，绝不会误入歧途；而且成就大事，不在于力量大小，而在于坚持多久。世自在王佛告诫法藏比丘要坚持理想，因为法藏比丘所发的愿，甚深甚广，因此要有长远心，还要发精进心。这是须全力以赴地努力奋斗，在心中建立起坚定的信心和信念。这种坚定的信心和信念，是具有无限的高贵情操，法藏比丘为了度众，确立了自己的情操，因为没有高贵情操，永远无法了解众生的高贵情操，乃至不相信众生能够拥有高贵情操。这个高贵情操，或许可以视为"佛性"——众生成佛的根据。

世自在王佛给法藏比丘指出一条理想之路，想救度世间苦恼的人，便须到海底采撷珍宝，海底下有个摩尼宝珠，得到摩尼宝珠就能救度一切世人。世自在王佛明了法藏比丘是个智慧聪明、崇高明睿的人，日后必成大器，让他到海底捞宝的教示，可如欧阳修所云："善用人者，必使有才者竭其力，有识者竭其谋。"而我们可进一步说，有才能的人必会相信自己，以及相信自己的力量。法藏比丘正有如此高贵精神，任何修菩萨行的众生，亦皆须有这样的情操。

世自在王佛即为广说二百一十亿诸佛刹土，

天人之善恶、国土之粗妙，

应其心愿，悉现与之。

经句出处

于是世自在王佛即为广说二百一十亿诸佛刹土，天人之善恶、国土之粗妙，应其心愿，悉现与之。时彼比丘，闻佛所说，严净国土，皆悉睹见，起发无上殊胜之愿。

——曹魏·康僧铠译：《佛说无量寿经》

词语解释

佛刹：佛国、佛国土、佛界，指佛所居住之国土，或是佛所教化的国土。

经句语译

世自在王佛为法藏比丘广说二百一十亿个诸佛刹土的情况，包括各国天人的善恶和国土的优劣，为了应和法藏比丘的心愿，把诸佛国土全部展现给他观看。

经句的智慧

世自在王佛为法藏比丘说二百一十亿的佛土情况，由于法藏比丘的器量深广，所以世自在王佛能为他广远地宣说。这二百一十亿佛土有的是受用土，有的是变化土，有的是净秽具存的凡圣同居土。世自在王佛一一为法藏比丘说某尊佛的国土，以及这个净土怎么修成？过去曾修什么因行？证得什么圣果？法藏比丘依据这些佛土，而深自思惟如何摄受一个最为完美的佛土。

在这些净土当中，由于有些天人的业报是纯善纯恶，有些是善恶夹杂，因此有的国土是纯妙无粗，有的是粗妙兼具。净影寺慧远的《观无量寿佛经疏》里说："粗，不精也。说恶说粗，令其舍远。说善说妙，使其修习。"可见，这里有对比的意义，希望众生能修习佛国净土之因，而不要冀求人天福报。

再者，"应其心愿，悉现与之"是指世自在王佛为了应和法藏比丘的心愿，把诸佛国土全部展现给他观看。但我们也可转进一层，说与之相应的众生，便能"应其心愿，悉现与之"。在这无量诸佛所摄受的无量佛国世界，是诸佛为利益众生的缘故而安立，因众生的福德因缘不同，为了接引各类众生，故诸佛刹土不尽相同。换言之，诸佛安立刹土的目的，是为了众生而安立。

随喜思惟读经句

法藏比丘听取世自在王佛为他说二百一十亿个诸佛刹土

的情况后，具足五劫，思惟摄取庄严佛国清净之行。在净土法门里，我们称这为"五劫思惟弥陀"，即是指阿弥陀佛在因位为法藏比丘时，当他于发四十八愿前，曾有五劫期间思惟如何摄取庄严佛国。法藏比丘进入深度思惟后才摄取佛国，修习其清净之行，因而获取正向的结果。足见，在行动前先行思考，比在行动后才考虑，要能避祸就福。

就世间的为学之道而言，宋代著名的经学家晁说之（一〇五九—一一二九）说："为学之道，必本于思。思则得之，不思则不得也。"浅学小知，是危险的事。歌德（一七四九—一八三二）说："你所不理解的东西，是你无法占有的。"理学家程颢（一〇三二—一〇八五）亦说："不深思而得者，其得易失。"世间法尚须如此严谨对待，何况出世间法！法藏比丘进入甚深禅定，其心寂静，以五劫的时间来思惟摄取净刹，其信仰坚定不移，因而有无比的创造力量，最终成就了西方极乐世界。

其心寂静，志无所着，
一切世间，无能及者。

经句出处

时彼比丘，闻佛所说，严净国土，皆悉睹见，起发无上殊胜之愿。其心寂静，志无所着，一切世间，无能及者。具足五劫，思惟摄取，庄严佛国，清净之行。

——曹魏·康僧铠译：《佛说无量寿经》

词语解释

寂静：指摆脱一切烦恼忧患的纯净心境。不起妄想妄念，称为"寂"；断绝一切感觉苦痛而呈现安静的状态，称为"静"。**无所"着"**：依附、执着。

经句语译

他的内心寂静，对建立净土的意志无所执着。世间的一切众生，没有能比得上他的。

经句的智慧

远离烦恼曰"寂"，杜绝苦患曰"静"，这就是涅槃之理。因此，元照律师的《四分律行事钞资持记》说："寂静即涅槃理也。"寂静可有两种情况：一是"身寂静"，好比舍家弃欲，息众缘务，闲居静处，远离愦闹；并且身之恶行，一切不作。二是"心寂静"，对于贪嗔痴等，悉皆远离，修习禅定而不散乱，并且意之诸恶行，一切不作。

法藏比丘所发的大愿，无法在散乱的心境下成就，因而须制心一处，绝离嚣尘。他进入甚深禅定，在入三昧中思惟摄受清净国土，而且"志无所着"。这里的"志"指意志、心念；"无着"指不执着于五欲，并且如净影寺慧远的《观无量寿佛经疏》所云："理绝众相，故无所着；求入名志。"其实，这道理很简单，假若法藏比丘心有所执着，便产生分别心，一旦产生分别心，则其誓愿便显得狭小，就不能称得上是殊胜之愿。因此，只有随顺觉心，摄诸佛国；在一念圆明的当下，十方一齐清净。法藏比丘如此深证离相，其心清净真实，故世间一切无能及者。

随喜思惟读经句

《毗婆尸佛经》说："调御大丈夫，导引于群生，令至寂静道。"寂静境界本是涅槃境界，此是不生不灭的境界，也是不增不减、不垢不净的境界。东晋时期，被尊为莲宗初祖的慧远大师，原归依于道安法师座下，好学不倦，广博群经，后来在庐山建立精舍，名为东林寺。因法名远播，故有许多同参道友和僧侣前来归附。当时的名士王齐之、王乔之等人曾作《念佛三昧诗》以表明求生净土的心志，慧远大师为其作序云："夫称三昧者何，专思寂想之谓也。思专则志一不分，想寂则气虚神朗，气虚则智恬其照，神朗则无幽不彻。"意思是：三昧是什么？就是心思专一、澄寂静思。心思专一，则心志不会散乱；澄寂静思，则气清神朗。气清则能清明观照；神朗则没有任何玄妙义理不能通彻。

对一个行者而言，知足淡泊，志乐寂静，不爱喧哗，简朴惜福，是为修行的密行。星云法师说："凡夫的世界因为有物欲尘劳，因此扰攘不安，动荡不已；相反的，圣贤追求的是禅悦法喜，是寂静无哗的生活。如果我们能把自己的身心安住在'寂静'里，就能真实认识世间。"所以，人生最重要的是，要把自己的身心安住在"寂静"的"禅定"里，这才是最安乐的生活，也是在世间里证入、趋向出世间的不二法门。

设我得佛，国中天人，寿终之后，
复更三恶道者，不取正觉。

经句出处

设我得佛，国中天人，寿终之后，复更三恶道者，不取
正觉。

——曹魏·康僧铠译:《佛说无量寿经》

词语解释

天人：指居住于欲界及色界诸天的有情众生。　**三恶
道**：生前造诸恶业，死后往生苦恶的处所，即地狱、饿鬼、
畜生等三恶道。

经句语译

假设我成佛时，国土中的天人命终之后，又堕入三恶道
的话，我便不成佛。

经句的智慧

这句经文是阿弥陀佛所发的第二个大愿，称为"不更恶

趣愿"，又作"命终不向他国受苦愿"、"命终复不更恶趣愿"、"无恶趣愿"等，使往生彼国的天人不再堕入恶道的大愿。

然而，阿弥陀佛为何要发此愿？虽然天人善果有其殊胜之处，不过，当命终之时，除呈现衣服垢秽、头上华萎、腋下汗流、身体臭秽、不乐本座等五种衰相之外，还会随业转生，或招感于猪腹，或得饿鬼、地狱报。因而阿弥陀佛要救拔十方世界的天人，永离三途之苦。这是无上殊胜大愿，究竟拔苦。三恶道又叫三途，是指依恶业而往来之处所，分别为地狱道、饿鬼道、畜生道。《法华经·方便品》曰："以诸欲因缘，坠堕三恶道。"一切众生因造作恶业而投生其处，受无量苦。

可见，因缘果报皆"自作自受"，作何种"业"，便得何种"果报"。而且，"业"无论善恶好坏，都会产生力量，驱使我们去造作新的行为，而新的行为又会产生新的力量。如此行为生力量，力量又推动行为，辗转相生，就形成了业力轮回。所谓"自作自受"，就是有情生死流转的动力，由此形成了惑、业、苦，不断循环，相互纠缠。苦乐等一切果报，非存乎偶然，是由善恶业力所招感而来。依此而推，修净行者具足净业，必能招感往生净土的果报。

随喜思惟读经句

天台大师智顗讲述的《摩诃止观》曾对三恶道做出以

下说明：一、发地狱心，行火途道。即一个人的心念，全是贪嗔痴，由此起"上品十恶"，便得地狱苦报。二、发饿鬼心，行血涂道。即一个人的心念，贪求名利，又悭吝不舍，内心毫无善意，由此起"中品十恶"，便得饿鬼报。三、发畜生心，行刀途道。即一个人的心念，愚痴闇蔽，又喜成群结党，为害他人，由此起"下品十恶"，便得畜生报。

永明延寿（九〇四—九七五）的《万善同归集》亦说："若一念心，嗔恚邪淫，即地狱业；若一念心，悭贪不施，即饿鬼业；若一念心，愚痴闇蔽，即畜生业。如是一念，三途果报，皆由心造。"

所以必须时常省察心念，如能一向念佛，便不会造三恶道业，就可以永离三途的苦报。好比永明延寿所说："如今是因，临终是果，应预因实，果则不虚。"因此，"如要临终，十念成就，但预办津梁，合集功德，回向此时，念念不亏，即无虑矣"。死心塌地的念去，念念不亏，念念老实，必能成就往生大业。

设我得佛，国中天人，形色不同，

有好丑者，不取正觉。

经句出处

设我得佛，国中天人，形色不同，有好丑者，不取

正觉。

——曹魏·康僧铠译：《佛说无量寿经》

词语解释

形色：指形体和容貌。　**好丑**：好坏、美丑。

经句语译

假设我成佛时，国土中的天人外形容貌，如有好坏、美

丑之别的话，我就不成佛。

经句的智慧

这句经文是阿弥陀佛所发的第四个大愿，称为"无有好

丑愿"，又作"形无美丑愿"、"色齐等愿"、"有情容颜均等

无差别愿"等，即愿佛国中的人民，其形色均同，而没有好坏、美丑等差别。

十方世界的众生，随所造业的不同，其报体的形色因而不一样。具有美好形貌，则人见人爱、欢喜恭敬。具有丑陋形貌的，则被人嫌厌，轻贱鄙视。法藏比丘因此发愿，往生到他的佛刹的众生，人人皆同一紫磨真金色，身形完全一样，具有三十二相。这三十二种殊胜容貌与微妙形相，明净端严，令人一见起敬，不会讥嫌，也就没有好丑亲疏的分别心。

随喜思惟读经句

众生的果报正体，依过去善恶业而感得。如生于人道，则具备四肢五官，受人间之果报；生于畜生道，则具备羽毛齿革，受畜生之果报。

在《轮转五道罪福报应经》里记载众生的果报正体，各有宿缘，所谓罪福随身，如影随形。佛陀说："为人长大，恭敬人故。为人短小，轻慢人故。为人丑陋，喜嗔恚人故。生无所知，不学问故。为人专愚，不教人故。为人瘖痖，谤毁人故。为人聋盲，不喜听受经法故。为人奴婢，负债不偿故。遭县官系闭牢狱，杻械其身者，前世为人，笼系众生，不从意故。为人唇缺者，前世钓鱼，鱼决口故。"

上举诸例，仅是《轮转五道罪福报应经》所教诫的一部分。凡夫众生常因分别心一起，便妄想纷飞，烦恼不断；

导致诸法对立，如高矮、胖瘦、美丑、贫富、贵贱、善恶、吉凶、爱憎、多少、远近、男女、老少等差别，因而无法解脱。修行的一大障碍在于生起分别心，而对治分别心须以菩提心、平等心最为上策。再者，因为生起分别心，故远离平等心；远离平等心，即无法发起菩提心。无分别心，则诸法无所对立；诸法无所对立，则能以寂静为乐！西方极乐净土的众生，因具有福德智慧，其心地平等无二，所以形色都是庄严的慈悲相。

修净行者在现世修持的过程里，须注重平等心的养成，以平等心美化人生，以平等心看待人生，要自我期许，达致"生佛平等"、"圣凡平等"、"理事平等"、"人我平等"的境界，这样的净业才能与极乐国土相应，要有平等心，才能与大乘菩提心相应。凡夫总在事相上妄自分别，因此凡夫所认识的世间是千差万别的；反之，圣贤看世间，一切皆平等。修净行者应以圣贤之心为心，行佛所行，为人间树立圣贤的典范，以作为往生资粮。

设我得佛，十方众生，至心信乐，

欲生我国，乃至十念，

若不生者，不取正觉。

经句出处

设我得佛，十方众生，至心信乐，欲生我国，乃至十念，若不生者，不取正觉。唯除五逆，诽谤正法。

——曹魏·康僧铠译：《佛说无量寿经》

词语解释

十念：十声称名，或忆念阿弥陀佛之相。

经句语译

假设我成佛时，十方众生发至诚心且欢喜深信，愿意往生到我的国土，即使只称念佛号十声也能往生。如有不能往生，我就不成佛。

经句的智慧

这句经文是阿弥陀佛所发的第十八个大愿，称为"念佛往生愿"，又作"摄取至心欲生愿"、"十念往生愿"、"闻名信乐十念定生愿"、"本愿三心愿"、"往相信心愿"等，即愿十方众生，至心信乐欲生佛国，乃至十念，皆得往生。此愿为四十八愿中最重要的一愿，所以有"愿王"之称。

"至心"是指至诚之心，《无量寿经》除了本处所云，尚有"至心发愿，欲生我国"、"至心回向，欲生我国"等句。善导大师的《往生礼赞偈》说："但使专意作者，十即十生；修杂不至心者，千中无一。"又在《转经行道愿往生净土法事赞》里说："弘誓多门四十八，偏标念佛最为亲。人能念佛佛还念，专心想佛佛知人。"由此可知，四十八愿之中，以此"念佛往生愿"为本愿中之愿王。

有关"唯除五逆，诽谤正法"的问题，因为跟《观无量寿佛经》下品下生的经文"下品下生者：或有众生，作不善业，五逆十恶，具诸不善。……如是至心，令声不绝，具足十念……即得往生极乐世界"所说不同，而且历来说法极多，各家注释也提出许多答案。印光大师曾以"平时说"来解释《无量寿经》的"唯除五逆，诽谤正法"，让修净行者能于平时自我策励；而以"临终说"来解释《观无量寿佛经》的"五逆十恶"，让根器下劣的众生能信自信佛，顺利广开阿弥陀佛的救度大愿。

随喜思惟读经句

《无量寿经》除了这里提到"十念"外，在别处亦提及。在《观无量寿佛经》亦说："如是至心，令声不绝，具足十念，称南无阿弥陀佛。"这两部经典均记载十念念佛即可往生净土的教说。不过，"十念"的解释历来有许多种，但大抵而言，"十念"含有忆持、忆念的意思。

"十念"被转换为"十声"，这在善导大师的说法最为显著。善导大师（六一三—六八一）毕生致力于弘扬净土法门，自身持诵弥陀圣号，精进不懈，依据史传记载，他曾多次证入念佛三昧。由于日积月累，功行愈深，后来竟修持至每称念一声佛号，即有一道光明自口中发出，世人因此尊称他为光明大师。

善导大师转换"十念"为"十声"的诠释，影响甚巨，后来许多修持净土法门的学者都视"十念"为"十声"，使"十声"成为修持主流。然而，善导作出如此诠释，用意为何？他站在业重凡夫的立场，专倡称佛名号以求生净土，在末法的人世间确立顿脱生死的方向，对净土法门给予新的诠释。

设我得佛，十方众生，发菩提心，
修诸功德，至心发愿，欲生我国，
临寿终时，假令不与大众围绕，
现其人前者，不取正觉。

经句出处

设我得佛，十方众生，发菩提心，修诸功德，至心发愿，欲生我国，临寿终时，假令不与大众围绕，现其人前者，不取正觉。

——曹魏·康僧铠译：《佛说无量寿经》

词语解释

功德：功能福德，指行善所获的果报。

经句语译

十方众生有发菩提心、修习各种德行，又发至诚心愿往生我的国土，临终之时，若是没有看到我与其他圣众出现，围绕面前，我就不成佛。

经句的智慧

这句经文是阿弥陀佛所发的第十九大愿，称为"来迎引接愿"，又作"修诸功德愿"、"现前导生愿"、"至心发愿愿"、"临终引接愿"、"圣众来迎愿"、"行者命终现前导生愿"等，即愿众生发菩提心，欲生极乐净土，临终时阿弥陀佛与诸圣众前来迎接往生极乐净土。

此愿有"发菩提心"、"修诸功德"、"至心发愿"、"临终来迎"等要义。"发菩提心"即是发起冀求无上正真道心，《佛说观无量寿佛经》曰："发菩提心，深信因果。"发起菩提心才能与大乘佛法相应，自利利他的大乘心行，是修净行者的要务，缺此不得往生。

"修诸功德"的"功德"，指净智妙圆，体自空寂，不求于世。"恶尽曰'功'，善满称'德'。又德者，得也；修功所得，故名'功德'也。"功德并非是一般修福造善之世间善法，真实功德是以出世间的涅槃法来出离尘世，证得菩提圣果。就修持净土法门而言，行者不能只专注在人天福德，因为人天福德是有漏业，不出轮回，仍是三界所造之业，须以念佛功德作为资粮，转向往生极乐国土。"至心发愿"的"发愿"，指发起誓愿。《佛说阿弥陀经》亦曰："应当发愿，生彼国土。"修净行者如果不能发愿往生，即便力持佛号，亦无法往生。因为往生与否，跟自己愿往之心有密切关系。

随喜思惟读经句

念佛法门的方便在于以佛念止息妄念，远离分别，诸根寂静，得平等住。即便未能断惑，亦能在伏惑的当下，让奔涌的识波澄止而不妄动，让修净行者在临命终时不为恶业牵引，只随净业而安然往生极乐国。平时努力修持，老实念佛，在临命终时才能使得上力。任何以取巧、侥幸的心态来冀求往生佛国，终将一无是处，好比"煮沙欲成饭"，了不可得。

在历代的往生集里记载许多佛菩萨来迎接行者的事例，兹举一例如下：明代有一位叫作大云的出家人，平日专心修习净土净业，前来依止的信徒非常多。因此募款建立吉祥寺，成为当时的大丛林，并订下共住的规约。不久，示现些微的病痛，于是断绝饮食，专意称念佛号。经过一个月，在这段期间，如果有人前来探视他，大云就说："不忆念阿弥陀佛，想念我做什么？"借此劝诫信徒平日好自修持。大云在临命终时，告诉弟子说："为我将房舍洒扫干净，阿弥陀佛来迎接我了！"说完，端坐念佛而往生。

设我得佛，十方众生，闻我名号，
系念我国，植诸德本，至心回向，
欲生我国，不果遂者，不取正觉。

经句出处

设我得佛，十方众生，闻我名号，系念我国，植诸德本，至心回向，欲生我国，不果遂者，不取正觉。

——曹魏·康僧铠译:《佛说无量寿经》

词语解释

系念：将心念紧系于一处，而不再思索其他。　**植**：另作"殖"，有积聚、聚集；树立、建立；种植、栽种等意思。　**果遂**：如愿以偿。"果"，定也。"遂"，成也，即必定成就的意思。

经句语译

假设我成佛时，十方众生听闻我的名号，系心忆念我的国土，积聚各种功德，并发至诚心，愿意将功德回向往生我国，如果不能顺利往生的话，我就不成佛。

经句的智慧

这句经文是阿弥陀佛所发的第二十个大愿，称为"系念定生愿"，又作"摄取闻名欲生愿"、"摄下品愿"、"闻名系念修福即生愿"、"植诸德本愿"、"不果遂者愿"、"系念我国愿"、"至心回向愿"等，即愿十方众生听闻到阿弥陀佛的名号时，能够系念极乐佛国，并将积聚自己的诸种功德，至心回向往生极乐国，则果愿必遂。

圣严法师说："此（愿）在中国及日本的净土信仰者之间，也极重要，重点是'闻名往生'及'系（系）念往生'。"这是对比第十八愿而指出第二十愿的重要性，只需系念极乐国土，便得以往生阿弥陀佛的国度。

"系念"指将心念集中于一处，而不再思索其他。系念佛事，是众生超脱轮回的要法。众生所以受苦无尽，皆从贪欲而起，而贪欲更从忘却自性、异念纷驰而来。就修持净土法门的行者而言，欲离苦得乐，往生净土，宜具深信、发切愿，心系于阿弥陀佛极乐国土。

随喜思惟读经句

念佛法门虽说是易行道，但要成就，诚属不易。我们平时口念"阿弥陀佛"四个字，颇觉很容易，星云法师说："念佛，千万不可存着这样的心理：'那还不简单，只要不断地念下去，不就行了吗？'如果我们念佛时杂念纷飞，念得不纯熟，念得不恳切，即使念一辈子的佛，也不能与一句

'阿弥陀佛'的圣号心心相印。"真是一语道破，时人念佛恐怕早已陷入法师所说的情况而不自知，因而念佛数十年，仍未见任何消息。

念佛行者须系心而念，方能有得。唐代大诗人白居易（七七二—八四六）有一首诗云："余年近七十，不复事吟哦，看经费眼力，作福畏奔波。何以慰心眼？一句阿弥陀。早也阿弥陀，晚也阿弥陀，纵饶忙似箭，不离阿弥陀。达人应笑我，多却阿弥陀。达又作么生？不达又如何？普劝法界众，同念阿弥陀。"

可见，白居易持念弥陀名号，应是有所得的，也是最为具体的念佛模式。平时养成念佛习惯，则念佛的利益和价值便能随时受用，这即是系念的功夫达到一定程度而呈显出来的功德利益。

设我得佛，国中天人，

不悉成满三十二大人相者，不取正觉。

经句出处

设我得佛，国中天人，不悉成满三十二大人相者，不取正觉。

——曹魏·康僧铠译:《佛说无量寿经》

词语解释

三十二大人相：即三十二相，指佛的肉身所具有的特殊容貌，例如足下安平立相、足下二轮相、齿齐相、顶髻相、白毫相等。

经句语译

假设我成佛时，国中天人不圆满具足三十二种大人相的话，我就不成佛。

经句的智慧

这句经文是阿弥陀佛所发的第二十一个大愿，称为"三十二相愿"，又作"令具诸相愿"、"所化成满三十二相愿"、"具三十二相愿"、"众生德满愿"、"满大人相愿"等，即愿佛国中人天，都具足三十二相。"三十二相"指转轮圣王及佛、菩萨所具足的三十二种殊胜容貌与微妙形相，与八十种好（微细隐密者）合称"相好"。依《大智度论》卷四所记载，即：

一、足下安平立相：足底平直柔软，安住密着地面之相。

二、足下二轮相：又作千辐轮相，足心现出一千辐轮宝之肉纹相。

三、长指相：两手、两足皆纤长端直。

四、足跟广平相：足踵圆满广平。

五、手足指缦网相：手足的每一指间，皆有缦网交互联络之纹样。

六、手足柔软相：手足柔软如细劫波毳之相。

七、足趺高满相：足背高起圆满之相。

八、鹿王相：股骨如鹿王般纤圆。

九、手过膝相：立正时两手垂下可越膝。

十、阴藏相：男根密隐于体内，如马阴之相。

十一、身广长等相：佛身纵广左右上下，其量全等，周匝圆满。

十二、毛上向相：佛一切发毛，由头至足皆右旋。其色绀青，柔润。

十三、一一孔一毛生相：一孔各生一毛，其毛青琉璃色，一一毛孔皆出微妙香气。

十四、金色相：佛身及手足悉为真金色。

十五、大光相：佛之身光普照三千世界，四面各有一丈。

十六、细薄皮相：皮肤细薄润泽，尘垢不染。

十七、七处隆满相：两手、两足下、两肩、颈项等七处之肉皆隆满、柔软。

十八、两腋下隆满相：两腋下之骨肉圆满。

十九、上身如狮子相：佛之上半身广大，行住坐卧威容端严，一如狮子王。

二十、大直身相：佛身最大而直。

二十一、肩圆好相：两肩圆满丰腴之相。

二十二、四十齿相：佛具有四十齿，一一皆齐等、平满如白雪。

二十三、齿齐相：诸齿皆不粗不细，齿间密接而不容一毫。

二十四、牙白相：齿白如雪相，其色鲜白光洁，锐利如锋，坚固如金刚。

二十五、狮子颊相：两颊隆满如狮子颊。

二十六、味中得上味相：佛口常得诸味中之最上味。

二十七、大舌相：又作广长舌相，舌头广长薄软，伸展则可覆至发际。

二十八、梵声相：佛清净之梵音，洪声圆满。

二十九、真青眼相：又作目绀青相，佛眼绀青如青莲花。

三十、牛眼睫相：睫毛整齐而不杂乱。

三十一、顶髻相：又作顶上肉髻相，顶上有肉，隆起如髻形之相。

三十二、白毛相：又作白毫相、眉间毫相，两眉之间有白毫，柔软如兜罗绵，长一丈五尺，右旋而卷收，以其常放光，故称毫光、眉间光。

再者，"八十种好"又称为"八十随形好"，为佛菩萨所具足之八十种好相。值得说明的是，显著易见的称为三十二相；微细难见的称为八十种好。转轮圣王也能具足三十二相，而八十种好则只有佛、菩萨才能具足。

随喜思惟读经句

每尊佛皆拥有三十二相、八十种好的庄严相貌，这是从累劫注重生活行仪中修来的，也是从修行慈悲、积聚功德而成的，众生看到此相好，会生起欣喜爱乐之心。两千五百多年前，释迦牟尼佛为一大事因缘而降生于世，因行百善而得一妙相，故释尊有着百福庄严的相好，这是佛陀的金容，其有不少弟子初见金容就决意皈投出家。

佛教一向重视慈悲、威仪，佛经有谓"三祇修福慧，百劫修相好"，成就佛果之前，首须成就"三十二相、八十种好"，但是修净行者可借由弥陀愿力而往生极乐国后，旋即具足三十二相，莲宗第十一位祖师省庵大师（一六八六——一七三四）说："不用三祇修福慧，但将六字出乾坤。如来金口无虚语，历历明文尚具存。"即指阿弥陀佛这个愿力。如今阿弥陀佛此愿，只要众生往生极乐世界便能拥有三十二相，可见阿弥陀佛的慈悲及其愿力之强。

设我得佛，他方佛土诸菩萨众，

来生我国，究竟必至一生补处。

经句出处

设我得佛，他方佛土诸菩萨众，来生我国，究竟必至一生补处。除其本愿，自在所化。为众生故，被弘誓铠，积累德本，度脱一切，游诸佛国，修菩萨行，供养十方诸佛如来。开化恒沙无量众生，使立无上正真之道，超出常伦，诸地之行，现前修习普贤之德。若不尔者，不取正觉。

——曹魏·康僧铠译：《佛说无量寿经》

词语解释

一生补处：指菩萨的最高果位，下一生必定可以成佛。

经句语译

假设我成佛时，他方佛土的菩萨们来生我国，最终必定能够获证一生补佛处的阶位。

经句的智慧

这句经文是阿弥陀佛所发的第二十二个大愿的前半段，要义在于"一生补处"，因而此愿称为"必至补处愿"，又作"摄他国菩萨愿"、"令至补处愿"、"菩萨究竟一生补处愿"、"还相回向愿"等，即愿他方国土之诸菩萨，来生佛国，除其本愿，自在地到十方世界度化众生外，皆能证得一生补佛处的阶位。

《佛说阿弥陀经》曾云："极乐国土，众生生者，皆是阿鞞跋致。其中多有一生补处，其数甚多。"这又说明了西方极乐净土的另一个特胜处。阿鞞跋致是"不退转"意思。这对载浮载沉于娑婆世界的众生而言，在修行的历程里时而往上提升又时而向下沉堕的不定性，给予极大的安住力量。业力凡夫一旦借由佛力加被而往生极乐世界后，阿弥陀佛让众生不退转的慈化，可说是一大福音。

往生极乐世界的众生最后可得一生补处位，缘于极乐世界的环境殊胜，没有任何障缘令在此修习的众生退堕。阿弥陀佛为法藏菩萨时发下四十八大愿，愿以无上菩提心庄严国土；相对的，往生此佛国的众生亦须发起无上菩提心，才能与之相应。由此可见，在极乐世界的众生为何多为不退失道心，成为一生补处菩萨，是因为这里的众生皆发无上菩提心，他们在殊胜的环境里安稳修习道法，循序渐进，经久不断地修持，一阶一阶地攀升，完成上求佛道、下化众生的愿行。

随喜思惟读经句

　　本经所云，对修持大乘法的菩萨而言，不再退转回二乘位，亦是殊胜的福祉。大乘菩萨往生极乐国土后，能保证最终必定证得一生补佛处的阶位。这里所谓的"补处"，即是候补的意思，预备登上佛位。换言之，菩萨往生后，最终必定可达等觉果位，成为只剩一品无明未破的最后身，然后到他方世界成佛。经文云这样的菩萨，为数甚多。可见，阿弥陀佛摄受的极乐世界，成就众生成佛，并到十方世界广化诸有情众生。关于这点，圆瑛法师说："一生补处，圆成佛果，此等奇特希有，殊胜绝妙之法，超出思议之表，为方便中第一方便，此更为难中之难也。"的确，这是极为殊胜的，也极为难以令人信入的，蕅益大师说："凡夫例登补处，奇倡极谈，不可测度。……信渺疑多，辞繁义蚀。余唯有剖心沥血而已。"蕅益大师晚年鼓倡此种无上大因缘，剖心沥血地昭告世人，真是苦口悲心啊！

国中菩萨，承佛神力，供养诸佛。

经句出处

设我得佛，国中菩萨，承佛神力，供养诸佛，一食之
顷，不能遍至无量，无数亿那由他，诸佛国者，不取正觉。

——曹魏·康僧铠译：《佛说无量寿经》

词语解释

神力：神通力，指佛的神变不可思议力。

经句语译

往生极乐国土的菩萨，能得到佛的威神力加持，至十方
世界供养诸佛。

经句的智慧

这句经文是阿弥陀佛所发的第二十三个大愿的前半段，
即愿极乐佛国中的菩萨都能得到佛的威神力加持，于一食顷

即遍至十方佛国，供养诸佛。因而此愿称为"供养诸佛愿"，又作"令奉遍侍诸佛愿"、"食顷遍侍恒沙诸佛愿"、"承力供养愿"。

所谓"一食顷"指吃一顿饭的时间，形容时间很短促。在《无量寿经》有两处说及极乐国土的菩萨能于一食之顷遍至十方佛国，供养诸佛，一处是本句所言，另一句则述及："彼国菩萨承佛威神，一食之顷，往诣十方无量世界。"除此之外，我们在《法华经·序品》也可读到："时会听者亦坐一处，六十小劫身心不动，听佛所说，谓如食顷。"也是说明时间短暂的例子。

在这句经文一开头便说"国中菩萨，承佛神力"，表示往生极乐国土的菩萨皆能借由阿弥陀佛的加持而具有神通力，到十方佛国去供养诸佛。所谓的"神"是指妙用不测的意思，"通"表示通融自在的意思，"力"则为力用的意思。神通力的发用来自于定慧的修习，由定力而发生智慧，《法华经·序品》曰："诸佛神力，智慧希有。"因此，可借此说而得知极乐国土的阿弥陀如来，以其稀有智慧加持国中菩萨，而令国中菩萨具有神力，而到十方佛国去供养诸佛。

随喜思惟读经句

往生净土的菩萨，有所谓的"软心菩萨"，阿弥陀佛为了让此等菩萨皆有慈悲勇猛、坚固志愿，到他方无佛法僧处，住持庄严佛法僧宝，使佛种处处不断，而兴起本愿。

佛典有一则常啼菩萨卖肉觅供具的事迹，当时常啼菩萨向一位法胜菩萨求法，由于常啼菩萨非常贫穷，没有珍宝、妙香等供养之具，心想可以贩卖自己身体，将得到的资财用来供养法胜菩萨。于是来到市集中心叫卖："谁要买人？有谁想买人？"但魔王波旬故意用魔法遮障常啼菩萨，使得在市集中心的人听不到常啼菩萨的叫卖声。常啼菩萨悲伤哭泣，帝释天王得知此事，变成一个婆罗门，来到他面前，说："我不需要人，但要人的血肉、骨髓。如果你肯卖，我会以合理的价钱购买。"于是常啼菩萨立刻用利刃割下自己的肉，输出血来，又把自己的骨骼弄断取出骨髓。当时一位商人的女儿看到这一幕，便向常啼菩萨询问，常啼菩萨向她说明原委后，这位女孩发心供养，帝释天王乃现身，让常啼菩萨恢复原状，赞叹其求法之诚，愿其成就功德。

由上例可知，阿弥陀佛发此愿的缘由，是深知极乐国土里亦有小菩萨，不能到十方世界广作佛事，所利狭小，因故兴起此愿。

国中菩萨，在诸佛前，现其德本，
诸所求欲，供养之具。

经句出处

设我得佛，国中菩萨，在诸佛前，现其德本，诸所求欲，供养之具，若不如意者，不取正觉。

——曹魏·康僧铠译：《佛说无量寿经》

词语解释

供养之具：指供养佛菩萨或佛、法、僧三宝之物，即香花、饮食、幢盖、宝台、宝楼；或盛装供物之器具等。

经句语译

极乐国土中的菩萨，在诸佛前展现其积聚的各种功德，（并能如愿地）依照自己的欲求，得到供养诸佛的种种物品、器具。

经句的智慧

这句经文是阿弥陀佛所发的第二十四个大愿，即愿极乐佛国中的菩萨于供养十方诸佛时，所欲求的一切供养器具及物品，皆能如意现前。因而此愿称为"供具如意愿"，又作"所求供具皆顺意乐愿"、"供物如意愿"、"供养如意愿"。

为何阿弥陀佛要兴发此愿？因为阿弥陀佛深知本国的菩萨，虽然能够遍至十方诸佛前，如前面第二十三愿所云"承佛神力，供养诸佛"。然而，供养诸佛的供物不见得能够如意地获得。

由于众生业贫福薄，刚刚往生极乐国土的众生，虽已为大乘菩萨，但因尚未修满福慧，所以阿弥陀佛发此大愿，让国土菩萨能够如意地得到供养诸佛的种种物品、器具，并且在供养十方诸佛时，亦能有大力用，将自己所植之德本，助佛宣化。吾人须知，供养众生，即是供养诸佛；众生欢喜，即是诸佛欢喜。因而菩萨到十方供养诸佛，其目的也是为了在十方诸佛国里协助佛化导众生。

随喜思惟读经句

新罗的华严宗学僧元晓法师（六一七—？）曾想来中国寻访名师，他在旅途中由于极度疲累，而不知不觉地睡卧于荒郊的墓冢。夜里时分，他感到口渴，在星空下发现身旁有一摊水，他用双手掬水，一饮而尽，觉得味道十分甜美。到了天亮，竟然发现这摊水是死尸流出的汁液，顿时恶心难耐。然而，就在此时，元晓法师豁然大悟，他说："三界唯心，万法唯识，美丑与善恶都由自心所化现，这跟水有何关系呢?"于是,他不再前行而返回朝鲜自行潜修。元晓法师洞悉一切唯心所现,分别与平等皆来自于心。

在极乐国土的香华、灯烛、胜旛、宝盖等一切供具,乃至衣服、卧具、饮食、医药诸受用具,皆是阿弥陀佛的愿力所成。同理,国土中的菩萨想到他方世界供养诸佛时,他的供养之具亦能随意而现,表现出身境智无碍的境界。此境界也是唯心所现,从慈悲、平等而生起。尤有甚者,在本句经文里云"现其德本",深表大菩萨来到十方佛国时,亦能感发他积聚的各种功德,于供养十方诸佛的同时,亦都助十方诸佛弘化,消灭三苦,让饥者得食,裸者得衣,盲者见色,聋者闻声。令众生无有三毒心,个个生起慈爱之心。

设我得佛，国中菩萨，
不能演说一切智者，不取正觉。

经句出处

设我得佛，国中菩萨，不能演说一切智者，不取正觉。

——曹魏·康僧铠译：《佛说无量寿经》

词语解释

一切智：如实了知一切法相之智，即了知世界、众生界、有为、无为、因果差别，及过去、现在、未来三世。

经句语译

假设我成佛时，极乐国土中的菩萨，如不能演说佛的一切智慧，我就不成佛。

经句的智慧

这句是阿弥陀佛所发的第二十五大愿，即愿极乐佛国中的菩萨，皆顺入佛智而说一切智。此愿称为"说一切智愿"，又作"说法如佛愿"、"说一切智如佛愿"、"说法慧胜愿"。

据《三藏法数》云："于一切内法内名，能知能解，一切外法外名，亦能知能解，是名一切智，即声闻缘觉之智也。"这里表示获一切智的修行者能够了知内、外法，内法指佛法，外法指外道之法。所谓外道之法并没有贬抑的意思，只是泛指佛法以外的世间众法。不过，这里指出此"一切智"是声闻、缘觉所获得的智慧。这是一般的讲法，因为佛教有所谓的三智：一、一切智，即了知一切诸法总相之智，所谓总相即是空相；此智是属于声闻、缘觉所获得的智慧。二、道种智，即了知一切诸法别相之智，所谓别相即种种差别的道法；此智是属于菩萨所获得的智慧。三、一切种智，即通达总相与别相之智，能以一种智慧觉知一切道法、一切众生之因缘，并了达诸法的寂灭相及其行类差别的智慧；此智是属于佛所获得的智慧，即佛智。不过，就广义而言，一切种智同于一切智。

阿弥陀佛兴起本愿的目的，在于深感国土中的菩萨，虽能遍至十方，历事供养，但是如不能演说一切智，开阐佛法的话，则有所缺略。因此，在只有财供养，而缺少法供养的情况下，阿弥陀佛发起此愿，愿极乐国土中的菩萨至十方诸佛国时，能为大众开诸法义。

随喜思惟读经句

行者修持佛法须注意"善法欲"。只要是为求解脱而引起对无漏法的贪欲，不但被允许，甚至是应该努力为之的事。如《俱舍论》说："若缘无漏，便非过失，如善法欲，不应舍离。"听受佛法而得到法味，并以此法味长养法身慧命而生喜乐，是由善法欲而来，跟享受世间乐不同。

愿求的欲望虽是一种欲乐，但可分为两种：一种是指闻法修行的乐欲，对于一切智及诸法藏，志求不怠、欲乐无厌。《法华经·序品》说："尔时，会中有二十亿菩萨，乐欲听法。"指的就是这种"乐欲"。另一种是指凡夫所追求的五欲之乐，这是一切烦恼的根源。《最胜王经》说："一切烦恼，以乐欲为本，从乐欲生；诸佛世尊断乐欲故，名为涅槃。"佛法甚深微妙，难思难议，因而须有大士而为上首，为大众开诸法义，劝请佛说法。例如大惠菩萨曾以一百八义问佛；文殊菩萨、迦叶尊者等，于佛会中为首，赞扬佛经，这些都是为了引发凡夫众生生起善法欲。因此，阿弥陀佛兴发此愿，目的即希望国中菩萨皆能演说一切智，开阐佛法，助佛宣化。

设我得佛，国中菩萨，
不得金刚那罗延身者，不取正觉。

经句出处

设我得佛，国中菩萨，不得金刚那罗延身者，不取正觉。

——曹魏·康僧铠译：《佛说无量寿经》

词语解释

金刚那罗延身：即金刚不坏之身，指佛、菩萨之身坚固勇猛，犹如金刚般的坚硬，不为任何外物所坏。

经句语译

假设我成佛时，极乐国土中的菩萨，如不能得到金刚那罗延身，我就不成佛。

经句的智慧

这句是阿弥陀佛所发的第二十六大愿，即愿极乐佛国中的菩萨皆得金刚那罗延身。因而此愿称为"那罗延身愿"，又作"令得坚固身愿"、"得那罗延力愿"、"得金刚身愿"。

那罗延的梵语为"narayana"，翻译为"胜力"、"坚牢"。往生极乐世界的众生不但寿命无量，而且此净土是纯善无烦恼的法界，所以众生都能得到金刚不坏身。相对于娑婆世界的凡夫众生，因烦恼业重而有生住异灭的流转变化，所以不可能得到金刚不坏身。

阿弥陀佛兴发此愿的用意在于，往生极乐国土的菩萨，虽然心口业都清净，但三业尚未到达备足的程度，因此发愿，我土圣众都能三业庄严，内外淳净。尤须特别提出的是，第二十五愿令极乐国土的菩萨能演说一切智，是属于口、意两业，而此第二十六愿，则令极乐国土的菩萨得那罗延身，是属于身业。

随喜思惟读经句

佛陀的弟子迦留陀夷尊者，是释尊座下"教化第一"。然而，迦留陀夷未证果前，色欲心极重。他常因为女人的事被别人批评，受到佛陀呵斥。色欲心是修持的一大障碍，迦留陀夷为此极为痛苦，为了保持清醒，常把自己浸入冷水之中，希望借此远离外境的诱惑。

迦留陀夷证果以后，深悔过去的诸般恶行，发愿度脱舍卫城里九百九十九家，《十诵律》说："佛在舍卫国，尔时长老迦留陀夷得阿罗汉道，心中作是念：我先在六群比丘中，于舍卫国污辱诸家，我今当还，令此诸家清净。作是念已，入舍卫国俱度九百九十九家。"

然而，迦留陀夷在度化众生的过程里，却因撞见一个女人与人私通而被杀害。那个女人唯恐迦留陀夷会将此秘密告诉她丈夫，因此生起杀害迦留陀夷的心。她和私通的男人在无声无息的情况下把迦留陀夷杀害了，并将尸体埋藏在一个粪坑之下。

从迦留陀夷的故事来看，即使证得阿罗汉果的圣人，由于身业不具足坚固不坏的地步，仍然无法被弘誓铠，开化恒沙众生。足见，阿弥陀佛兴发此愿，是为了让极乐国中的菩萨皆能获得金刚不坏的那罗延身，坚固勇猛，不为任何外物所坏，能够顺利教化众生，调伏众生，不会像目犍连尊者、迦留陀夷尊者，即使证果还须被往昔的业报所牵引。

设我得佛，国中菩萨，

若受读经法，讽诵持说，

而不得辩才智慧者，不取正觉。

经句出处

设我得佛，国中菩萨，若受读经法，讽诵持说，而不得辩才智慧者，不取正觉。

——曹魏·康僧铠译：《佛说无量寿经》

词语解释

讽诵：出声读诵或默吟背诵经文、偈颂等。 **辩才：**善于说法的才能。

经句语译

假设我成佛时，极乐国土中的菩萨，若研读经典法义，讽诵经文并忆持宣说，但未能得到辩才无碍之智慧，我就不成佛。

经句的智慧

这句经文是阿弥陀佛所发的第二十九个大愿，即愿极乐佛国中的菩萨，皆能受持讽诵经法，而得辩才智慧。因而此愿称为"得辩才智愿"，又作"四辩无碍愿"、"持经必得辩才智愿"、"辩才智慧愿"、"受法令得辩慧愿"。

所谓"辩才"指巧于辩论、阐述法义的才能，此种"辩才"跟世间善于言谈或辩论的才能有所不同，这种辩才能够于一切法无碍自在、不为问难所断绝、随应众人要求而说法、能说到达涅槃之种种利益。而且在论辩的过程里，呈现出不嘶喝、不迷乱、不怯弱、不怖畏、不高慢、不拙涩、无着、无尽、相续、不断等特质。

阿弥陀佛兴发此愿的用意在于，让极乐国中的菩萨能够发口为辩才，内照为智慧。由于有智慧而无辩才，则为小人所欺；有辩才而无智慧，则蒙智人呵诫。唯有智辩兼具，才能成为师范。

然而须注意的是，证得"辩才智慧"的前提，是须有"受读经法，讽诵持说"的行持，在极乐净土里，读诵经典，不会像周利槃特般被宿业所障，而不得慧辩。这也是阿弥陀佛兴发此愿的慈悲所在。

随喜思惟读经句

在道宣的《续高僧传》里记载一则有关讽诵《观世音经》所产生的力量。故事是这样的：

在公元五七四年，佛教遭受北周武帝的废佛、毁佛，无数僧侣受到迫害。当时慧恭逃往荆杨，他的好友慧远则往长安参学。三十年后，两人相见，慧远问慧恭这些年是否有所得，慧恭回答仅诵《观世音经》，慧远乃斥责慧恭的不长进，慧恭闻言不怒，反而平静地讽诵《观世音经》给慧远听。

当慧恭开始诵经时，浓郁的异香遍满屋宇；开始诵经文时，天上作乐，不断地降下四种颜色的花朵，天乐嘹亮振空，花朵雾霏满地。当他诵完经，离开诵席时，音乐和花朵随着停止了。慧远被这不可思议的情景所撼动，接足顶礼慧恭，泪流满脸，向他道歉。

可见，讽诵的力量不可思议。修净行者平时亦须持诵经文，这样才能早日与阿弥陀佛的大悲愿相应。在这一个大愿里，阿弥陀佛愿极乐佛国中的菩萨，皆能讽诵持说经法，而得辩才智慧，其殊胜亦是不可思议。修净行者于此慎思，将获无限功德法益。

设我得佛，国土清净，
皆悉照见十方一切无量无数、
不可思议诸佛世界，
犹如明镜，睹其面像。

经句出处

设我得佛，国土清净，皆悉照见十方一切无量无数、不可思议诸佛世界，犹如明镜，睹其面像。若不尔者，不取正觉。

——曹魏·康僧铠译:《佛说无量寿经》

词语解释

睹：看见、观看。

经句语译

假设我成佛时，国土清净明亮，能够照见十方无量无数不可思议的诸佛世界，就像手持明镜能照见面容一样。

经句的智慧

这句经文是阿弥陀佛所发的第三十一个大愿，即愿极乐国的国土清净如镜，照见十方诸佛世界，因而此愿称为"国土清净愿"，又作"形色功德愿"、"国土光色彻照愿"、"国土如镜彻照十方愿"、"得见十方愿"。

阿弥陀佛因于何种缘故，兴发此愿呢？十方无量诸佛世界，有的国土不甚理想，一如我们居住的娑婆世界，是以土石为邦域，以瓦砾作为我们所依止的器世间。整个环境看来，处处嶕峣峻岭，枯木横岑；由于当时法藏菩萨见此情形，因而兴起大悲愿，愿我国土，大地平稳如手掌，彻鉴无垢，如同明镜可以广纳十方，国中的宝树、宝栏，互为映饰。

性梵法师（一九二〇——一九九七）《佛说无量寿经讲义》说："诸佛净土，都由佛与众生清净的心，清净的业，共同成就。是生、佛同具的自性清净心。净分依他起相，也是转赖耶识成圆镜智的境界。镜智与净心，都是竖穷横遍，依此缘起的净土，其体也就横遍十方一切世界。因此法藏菩萨称合镜智与净心发愿：我修成的佛国，清净无垢，好比明镜。在我的净土中，任何地方，都可照见十方无量诸佛世界，以及这些世界的一切众生及万物。"诸佛净土的成立可以说是净分依他，也就是依圣智之缘而生起的无漏纯净法。

随喜思惟读经句

宋代王日休居士（？——一一七三）在其《龙舒净土文》里说明修净行者为何念佛便能在极乐世界生出一朵莲华。他用此愿的说法，作为解释依据。他以明镜照物作为说明，凡是有物到来便映现其影，明镜何尝有迎接之心呢？只是镜子明亮，自然显现事物而已。因此，阿弥陀佛的极乐世界，清净明洁，自然照见十方世界，犹如在明镜里看见其容貌。所以，在这个世界念佛，西方极乐世界的七宝池里自然生出莲华一朵。

《宋高僧传》记载了启芳、圆果两位法师修持观想念佛法时，见到七宝莲池的事迹。当时两位高僧日夜观想念佛、专心致志，忽觉自己身在七宝莲池，看见观世音和大势至两位菩萨坐在七宝莲华上，莲池中有无数的各色莲华。阿弥陀佛则坐在最大的莲华上。启芳、圆果两位法师礼拜阿弥陀佛，问："众生忆佛念佛，便能往生极乐净土吗？"阿弥陀佛回答说："不须怀疑，必定得生我国。"

由此可证莲池之美妙、极乐净土之殊胜。因此，往生西方极乐世界，修净行者在此殊胜环境，绝不退转，且增道损生，直趋大觉。

设我得佛，十方无量、不可思议诸佛世界，

众生之类，蒙我光明，触其身者，

身心柔软，超过天人。

经句出处

设我得佛，十方无量、不可思议诸佛世界，众生之类，蒙我光明，触其身者，身心柔软，超过天人。若不尔者，不取正觉。

——曹魏·康僧铠译：《佛说无量寿经》

词语解释

触：指光明触照，即佛光触照行者的身体。　　**身心：**有情众生的正报。五蕴的色蕴即是"身"，受想行识等四蕴即是"心"。　　**柔软：**心意柔和而随顺于道，称为柔软。

经句语译

假设我成佛时，十方无量、不可思议诸佛世界的众生，只要蒙受我的光明照触，他的身心柔软，超过天人。

经句的智慧

这句经文是阿弥陀佛所发的第三十三个大愿，即愿佛的光明照触十方世界众生，令得身心柔软，因而此愿称为"触光柔软愿"，又作"光明摄益愿"、"光明触身得胜柔软愿"、"光触灭罪愿"、"摄取不舍愿"。

此愿与第十二愿"光明无量愿"的分别在于，此愿是为"摄众生"，光明无量愿是为"摄佛身"。再者，如就佛光的体性而分别来看，第十二愿为光之体，此愿为光之用。由此可知，第十二愿乃愿光明之体无量，此愿则愿光明之用摄取众生而不舍。

就佛教的教义而言，身为苦器，心为恼端。众生罪垢深重，为了使众生荡除罪垢，离生死、息贪爱，以成就菩提，所以阿弥陀佛兴发此愿，愿十方无量世界的众生。蒙受他的光明照触，必然涤除众垢，智慧开发，身心柔软，安适快乐，超过天上人间所有一切乐受。昙鸾大师《赞阿弥陀佛偈》说："蒙光触者离有无。"蒙受佛光照触，则离有为、无为二界，一切法自性平等，了悟万法乃自然无本，悉为本净真如。

随喜思惟读经句

此"触光柔软愿"，愿佛的光明照触十方世界众生，令得身心柔软。实则，当身心柔软下来，生活的意义就升华，生命的境界也扩大了。星云法师说："明末憨山大师说：'红尘白浪两茫茫，忍辱柔和是妙方。'一个人的性格若过于固执刚强，就会被人说：'你的心真是比石头、钢铁还要硬。'正如牙齿是硬的，老年会掉光，但是人就是死了，舌头还是存在着，因此柔软容易存在，刚强容易损坏。"因而"心地柔软的人，就像海绵容易吸水，自然不会枯竭。要有柔软心，柔软才会包容，才能克刚"。心地变柔软是修行最大的进步。同样的议题，他有不同的阐述：现在社会上很重视"柔性管理"，因为世间上刚硬的东西不一定坚固有力，有时柔软的东西反而有意想不到的穿透力。例如，滴水可以穿石、温火可以融冰；乃至人体上坚硬的牙齿易断，但柔软的舌头不死就不烂。可见"刚"虽然不是绝对的不好，为人"刚直"有时也有其必要，但刚而锐的东西容易斫伤，所以佛教讲"从来硬弩弦先断，每见刚刀口易伤"，柔性反而能够持久。

设我得佛，十方无量、不可思议诸佛世界，

其有女人，闻我名字，欢喜信乐，

发菩提心，厌恶女身，寿终之后，

复为女像者，不取正觉。

经句出处

设我得佛，十方无量、不可思议诸佛世界，其有女人，闻我名字，欢喜信乐，发菩提心，厌恶女身，寿终之后，复为女像者，不取正觉。

——曹魏·康僧铠译:《佛说无量寿经》

词语解释

信乐：听闻、信仰佛法，产生爱乐之心。 **寿终**：寿命结束，自然死亡。

经句语译

假设我成佛时，十方无量、不可思议诸佛世界的女子，听闻我的名号时，欢喜信受，发菩提心，并厌恶女身，寿终之后如果再成为女子，我就不成佛。

经句的智慧

这句经文是阿弥陀佛所发的第三十五个大愿，即愿十方世界的女人，闻佛名字，发菩提心，则命终后不再受女人身，因而此愿称为"女人往生愿"，又作"无有实女人愿"、"女人闻名者得离女益愿"、"远离讥嫌愿"、"令离秽形愿"、"闻名发心转女成男愿"、"不复女像愿"、"转女成男愿"。

善导大师曾结合第十八愿及第三十五愿，说明女人往生得度之增上缘问题，他说："由弥陀本愿力故，女人称佛名号，正命终时，即转女身得成男子，弥陀接手，菩萨扶身，坐宝华上，随佛往生，入佛大会，证悟无生。又一切女人，若不因弥陀名愿力者，千劫万劫，恒河沙等劫，终不可转得女身。应知，今或有道俗，云女人不得生净土者，此是妄说，不可信也。又以此经证，亦是摄生增上缘。"

一般来说，第十八愿被视为念佛往生愿，是四十八愿中最重要的一愿；第三十五愿则被视为女人往生愿，这个愿有诸多名称，从这些名称大抵可以看出女性是"秽形"、"讥嫌"的，因而有转女成男的希冀。善导结合第十八愿的所谓真实愿，跟第三十五愿的所谓方便愿，令女性转变为男性，既而成佛。这是对第十八愿的他力性格的发挥，以第十八愿来超克第三十五愿的方便愿，否则，即使成就第三十五愿，由女身转变成男身，仍不为究竟。因为没有第十八愿的保证，大乘心无法升起。所以，善导结合第十八愿跟第三十五愿来陈述，有其深意。

随喜思惟读经句

世亲菩萨所造的《往生论》(《无量寿经优波提舍愿生偈》) 谈及极乐世界的依正功德庄严时,指出"大乘善根界,等无讥嫌名,女人及根缺、二乘种不生"。假如将《往生论》所云的"女人不生"解作不得往生,恐对女性同胞有所不公,而违背佛教的平等观!"女人不生"不是指此娑婆世界的女人不得往生极乐世界,而是指极乐世界众生的"存在状况"是没有女人,此土女人一旦往生后,即转为男身,这是女人往生后的转化果报。

《往生论》所言的娑婆世界之女人及根缺者"不得生彼",是指往生后不再受女人及根缺之果报。换言之,不是不能往生,而是往生后即转化果报为男身及具三十二大人相,不再有女人身及诸根不具之情况。

设我得佛，国中天人，欲得衣服，

随念即至，如佛所赞，

应法妙服，自然在身。

经句出处

设我得佛，国中天人，欲得衣服，随念即至，如佛所赞，应法妙服，自然在身。若有裁缝，捣染浣濯者，不取正觉。

——曹魏·康僧铠译：《佛说无量寿经》

词语解释

应法妙服：与真如法性相应称为"应法"；自然所得之服称为"妙服"。

经句语译

假设我成佛时，国土中的天人想得到衣服，便依其意念而出现。如佛所称赞的与法相应而符合佛制的袈裟，自然披在身上。

经句的智慧

这句经文是阿弥陀佛所发的第三十八个大愿，即愿佛国中的天人，欲得衣服则随念而至，因而此愿称为"衣服随念愿"，又作"人天受乐愿"、"衣服自然愿"、"应法妙服愿"。

阿弥陀佛兴发此愿的目的是因为在有些国度里，众生为了衣食，而苦役万般，四时不宁。一生疲于奔命，却受苦无穷。因此，愿国中圣众对衣食住宅的需求，能够随意现前。由于着衣吃饭，皆为助道之法，因而一切施设是为了让圣众安心学法。

思衣得衣、思食得食，是随其意念而变现出来的，即一般所谓唯心所现、唯识所变。历来有所谓"唯心净土"的论述，与此有关。然而，想达到"唯心净土"的境界，实不容易！

唯有佛可言"唯心净土"，其余九界众生尚未达至究竟，故都没有资格说"唯心净土"。依此而推，在未成佛之前往生极乐世界，依止阿弥陀佛，能在助道因缘具足的情况下修习佛法，早日心冥实性，契会平等，觉悟正道。

随喜思惟读经句

圣严法师对此"衣服随念愿"有简要说明："欲界人天，都有思食得食、思衣得衣的福报，何况是极乐世界的众生。极乐世界众生的衣服，不但天衣无缝，也不用染，更不必洗、不必熨，随心所欲，随念变化，细致、柔软、美妙，非人间可比，亦非欲界人天所著者可比。"这里提到"天衣无缝"，指天人所穿的衣服，重量非常的轻，而且天界的层次越高，衣服则越轻。

《大智度论》说："色界天衣无重相，欲界天衣从树边生，无缕无织。"可见天衣极为殊胜，无须织缝，也没有缝合的痕迹，所以称为"天衣无缝"。在宋代《太平广记》里的"灵怪录·郭翰"一文云："稍闻香气渐浓，翰甚怪之，仰视空中，见有人冉冉而下，直至翰前，乃一少女……徐视其衣并无缝。翰问之，谓翰曰：'天衣本非针线为也。'"后世则因此以"天衣无缝"比喻诗文自然浑成，或事物周密完美，无迹象可寻。例如清代王士祯（一六三四—一七一一）《池北偶谈·谈艺三·摘句图》云："予读施愚山侍读五言诗……其章法之妙，如天衣无缝。"即是用"天衣无缝"来比喻诗歌、文章浑然天成，没有斧凿痕迹。

设我得佛，他方国土，

诸菩萨众，闻我名字，

至于得佛，诸根缺陋，

不具足者，不取正觉。

经句出处

设我得佛，他方国土，诸菩萨众，闻我名字，至于得佛，诸根缺陋，不具足者，不取正觉。

——曹魏·康僧铠译:《佛说无量寿经》

词语解释

诸根：指眼、耳、鼻、舌、身、意等六根。　**缺陋**：缺，指残缺；陋，指容貌丑。

经句语译

假设我成佛时，其他国土中的所有菩萨，听闻我的名字，直到成佛之时，如果诸根有所缺陷，我就不成佛。

经句的智慧

这句经文是阿弥陀佛所发的第四十一个大愿，即愿他方国土的菩萨圣众，闻佛名字，则诸根具足而无有缺陋，因而此愿称为"诸根具足愿"，又作"诸相貌妙愿"、"闻名令得端严报愿"、"闻名至佛具足诸根愿"、"闻名具根愿"。

"具足诸根愿"的要旨在于，凡是称念阿弥陀佛的名号者，皆能依佛的功德而具足诸善根。这个愿是令他方国土的菩萨在生生世世，直至成佛为止，都能六根具足，不会生而为盲聋喑哑，四肢残缺，癫狂愚痴，丑陋不堪。如果诸根具足，对修道有所助益；假若诸根不具，残缺丑陋，则容易招到世人讥诃。而且，相貌端正庄严，在弘法时容易摄受众生，令众生产生信心。所谓"丑陋不美，人不欲见，故化导不普"，其意在此。

圣严法师说："人间有人生而残缺，有人由于灾祸病伤而失去一根乃至数根的功能，有的生而丑陋，有的由于灾祸病伤而毁失端正的容貌。若能闻得无量寿佛名号，一者生于西方彼国，官能面貌，永远具足；二者现生已经残缺，也能恢复改善。这是很有可能的，若以信心诚心念佛，必有奇迹出现，而且相随心转，心中有佛，诸根愉悦。"此中奥秘，在于佛德。

随喜思惟读经句

佛有三十二相、八十种随形好，这种相好庄严是上品身，阿弥陀佛在第二十一愿有云即愿往生极乐佛国中的人天，都具足三十二相的上品身。而在这一愿里，则又顾及他方国土中的菩萨众，能够诸根具足。

南怀瑾先生说："一切众生的身体都是下品，比下品还可怜的众生是诸根不具，这个世界充满了这种人。这个世界上诸根不具的人太多了，诸根不只六根，身体有缺陷的都叫诸根不具，有些人是明缺陷，有些人是暗缺陷。以佛眼来看，在座各位没有一个人的身体是绝对健康的，毫无缺陷的人才称得上诸根具足。譬如戴眼镜是眼根不具，镶了义齿是口根不具，头脑不够聪明是脑根不够利，不够利就笨。"如此形容、解说，不但令人明白真相，亦不得不令人心惊胆战。原来，我们的缺陷何其多，只是不自知罢了。

设我得佛，他方国土，诸菩萨众，
闻我名字，寿终之后，生尊贵家。

经句出处

设我得佛，他方国土，诸菩萨众，闻我名字，寿终之
后，生尊贵家。若不尔者，不取正觉。

——曹魏·康僧铠译:《佛说无量寿经》

经句语译

假设我成佛时，其他国土中的所有菩萨，听闻我的名
字，于寿终后，投生到尊贵之家。

经句的智慧

这句经文是阿弥陀佛所发的第四十三个大愿，即愿他方
国土的诸菩萨闻佛名字，则寿终后得生尊贵之家，因而此愿
称为"生尊贵家愿"，又作"化物高贵愿"、"闻名死后生尊
贵家愿"、"必得尊贵愿"。

所谓尊贵之家，应指国王、大臣、宰官的宫廷府邸。例

如法藏比丘即是国王出家，释迦牟尼佛是王子出家，都是生于尊贵之家而舍弃尊荣，出家修行的例子。然而，为何要生尊贵家？因为阿弥陀佛感念许多菩萨发大悲心，欲游三界度众生，可是宿业未尽，动辄出生在下贱家庭，受世人轻慢，使得利济不广，弘化难以流布。因此，兴发此愿，只要借由闻名之力，便能速除业障，生生世世托生于豪贵家。

"生尊贵家"与一般所言的三世怨不同，佛家说："一世德三世怨！"由于所修都只是人天乘，第一世修福，第二世享福，享福的时候忘记修福，反而造罪业，使第三世堕落。因而道源法师特别为此愿作出解释："生在尊贵家，不仅学道难，而且是三世冤。为什么？因为尊贵享福，福尽堕落。古人说：'一家饱暖千家怨，半世功名百世冤。''朱门酒肉臭，路有冻死骨。'越是富贵，造业越多，这不是冤家是什么？所以法藏发愿的深意，还是叫你闻名至心称念，发愿往生西方，这才安全无虑。"把阿弥陀佛此愿的深意特为表出，实值修净行者三致意焉！

随喜思惟读经句

在《西归直指·为僧者不可不修净土》有这样一则故事：宋代有位青草堂禅师，素来守戒修行，是禅宗有名的耆宿。有一天，他看到当朝宰相告老返乡，迎送的人群非常热闹，因此生起羡慕之心。青草堂禅师常常接受曾姓家庭的供养，布施衣物，为了感念曾家恩德，应许以后托生曾家。后来曾家的妇人生子，请人去草堂探视，禅师已圆寂。曾氏所生之子，名为曾鲁公。因为前世修行福慧甚多，所以年轻就进士及第，官运亨通，步步高升，成为宰相。

如果《西归直指》所载属实，那么以世俗眼光来看，曾鲁公享有富贵盛名，确为荣幸之至。但以修行角度来看，是误了自己了脱生死的行业。《西归直指》有这样的评述：如果能够仰信净土法门，将自己的功德回向净土，纵然不能上品往生，至少也能中品。

印光大师说："一切法门，惑业净尽，方了生死。唯净土法门，带业往生，即与圣流。"除了强调净土法门的殊胜，亦说出跳脱生死轮回之不易。我们如能以阿弥陀佛此愿为依归，则在此娑婆世界度众，方能稳操胜券。

设我得佛，他方国土，诸菩萨众，

闻我名字，欢喜踊跃，

修菩萨行，具足德本。

经句出处

设我得佛，他方国土，诸菩萨众，闻我名字，欢喜踊
跃，修菩萨行，具足德本。若不尔者，不取正觉。

——曹魏·康僧铠译：《佛说无量寿经》

词语解释

踊跃：亦作"踊跃"，欢欣鼓舞貌。

经句语译

假设我成佛时，其他国土中的菩萨听闻我的名字，能欢
喜踊跃地修习菩萨行，自然具足所有功德善根之本。

经句的智慧

这句是阿弥陀佛所发的第四十四大愿，即愿他方国土的
菩萨闻佛名字，则能欢喜修菩萨行，具足诸德本。此愿称为

"具足德本愿"，又作"福智双修愿"、"闻名修习满足德本愿"、"修行具足益愿"、"闻名具德愿"。

《无量寿经》的梵文本，其"具足德本"是作"俱行善根"，意思是说，他方国土的菩萨，听闻到阿弥陀佛名字后，便能欢喜地修菩萨行，表示具有深厚的善根。本经后文也指出："其有得闻彼佛名号，欢喜踊跃，乃至一念，当此人为得大利，则是具足无上功德。"道源法师说："能闻弥陀名号，闻了相信，欢喜踊跃，便修净土法门。像这样的菩萨，非是少因缘，那是有大善根大福德。"可见"具足德本"即是"具行善根"，而且这里所指的"善根"不是专指利慧，袁宏道《西方合论》说："不论颛愚黠慧，凡至心念佛者，皆是多劫深植善根，发大菩提心故。何故？所谓善根者，不专言智慧，若复无根，如种焦谷，岂有芽出？"阿弥陀佛兴大慈、成万德，因而闻阿弥陀名号而能至心念佛者，皆曾于过去世发大菩提心，修菩萨行。从这个角度来看，"修菩萨行"跟"具足德本"是一体两面，二者互相符应。

随喜思惟读经句

《西舫汇征·乌长国王》记载一则乌长国王的往生事迹：乌长国王于日理万机后的闲暇时间，雅好佛法，他曾对大臣们说："朕虽然是一国之君，享有富贵，但也不能免除生老病死的无常之苦。听说西方有佛的净土，我立志要前往那里。"于是国王日夜精勤，念佛行道，广行布施，使民众安乐。每天僧斋一百名，国王与后妃都亲自行食。国王也常请名僧讲述妙法，询问要义。三十余年，从不懈怠。有一天，宫中出现阿弥陀佛与西方圣众前来迎接，还出现许多祥瑞，国王端坐而逝，神情愉悦。

这是一则"具足德本"、"具行善根"的事例，依净土法门的教示，乌长国王曾于累世多劫深植善根，才能欢喜踊跃，至心念佛，求生西方极乐国土。

常有菩萨在娑婆世界久积勤修，但仍不能一行而具万德，成就佛果。《大智度论》云："菩萨发大心，鱼子菴树华，三事因时多，成果时甚少。"表明菩萨发心的多，但成佛的少。这跟鱼卵虽多而能成鱼者无多；菴没罗树虽花多而结子甚少的情况是一样的，虽种许多因，但果熟的很少。足见在娑婆世界修持，如能以净土法门为依归，则较能早出六道轮回。

设我得佛，他方国土，诸菩萨众，
闻我名字，不即得至，
不退转者，不取正觉。

经句出处

设我得佛，他方国土，诸菩萨众，闻我名字，不即得
至，不退转者，不取正觉。

——曹魏·康僧铠译：《佛说无量寿经》

词语解释

不退转：音译为"阿惟越致"、"阿鞞跋致"，又作"无
退"、"必定"，即不会从所证得的菩萨阶位退堕至恶趣或二
乘地（声闻、缘觉）。

经句语译

假设我成佛时，其他国土中的菩萨听闻我的名字，如果
不能即刻登至不退转位，我就不成佛。

经句的智慧

这句经文是阿弥陀佛所发的第四十七个大愿，即愿他方

国土的诸菩萨，闻佛名字，则得至不退转位，因而此愿称为"闻名不退愿"，又作"听名即至得不退转愿"、"加力不退愿"、"得不退转愿"。

阿弥陀佛兴发此愿的原因在于，娑婆世界的菩萨虽然勇猛精进，其修持的心情如救头燃，丝毫不敢懈怠。然而，障缘竞来，屡为退转。依据《十住断结经》所云，当时舍利弗曾经告诉参与法会的所有菩萨："我曩昔在坏器时，或从一住进至五住，还复退堕而在初住。复从初住至五六住，如是经历六十劫中，竟复不能到不退转。"可见上智如舍利弗，尚且如此，何况软心怯弱的众生，怎能在障缘现前时退转下来呢？所以常见的情况是学佛者如牛毛，得佛果者似麟角。因此，阿弥陀佛起大弘誓，令闻名者即得阿惟越致，随愿得生他方国土，教化有缘众生。

随喜思惟读经句

蕅益大师的《弥陀要解》云："（阿弥陀弗）以四十八愿，接信愿念佛众生，生极乐世界，永阶不退者也。"阿弥陀佛所发之四十八大愿，无一不是为了接引念佛众生往生极乐国，使其永登不退转的阶位。蕅益大师又说："名以召德，德不可思议故，名号亦不可思议，名号（功德）不可思议故，使散称为佛种，执持登不退也。"因此，即使散心称念佛名，已于八识田中植入佛种，时节既至，善根成熟，亦有成佛希望。倘若又能一心执持佛号，念念相续，于临命终时蒙佛接引，往生极乐世界，直登不退地。

《佛祖统纪》记载宋朝有位士大夫王衷，在偶然之际听到一位僧人念诵《佛说阿弥陀经》，心中有所领悟，便开始专心修习净土法门。每日诵念《佛说阿弥陀经》七遍以上，以及佛号一万声，并把自己的住所改为莲社，让众生前来参与念佛。之后某日，心有所感，沐浴后，面向西方，正坐往生。

《佛说阿弥陀经》云："众生生者，皆是阿鞞跋致。"不仅上品得以不退转，即使下品下生，最终亦得圆证位不退、行不退、念不退等三不退。换言之，既生彼国，即是最后身，可以入补处位，疾趣菩提。

法藏菩萨今已成佛，现在西方，
去此十万亿刹，其佛世界，名曰安乐。

经句出处

阿难白佛："法藏菩萨为已成佛而取灭度？为未成佛？为今现在？"佛告阿难："法藏菩萨今已成佛，现在西方，去此十万亿刹，其佛世界，名曰安乐。"

——曹魏·康僧铠译：《佛说无量寿经》

词语解释

安乐：西方极乐世界的别名。

经句语译

法藏菩萨如今已经成佛，目前在西方，离这里有十万亿佛刹之远，他的世界名为安乐。

经句的智慧

法藏菩萨不是过去佛，也不是未来佛，是现在佛。他的国度离娑婆世界有十万亿佛土之远。这跟《佛说阿弥陀经》所说的一样："从是西方，过十万亿佛土，有世界名曰极乐，其土有佛，号阿弥陀，今现在说法。"这里的"从是西方"的"是"指娑婆世界；而本经的"去此十万亿刹"的"此"也是指娑婆世界。法藏菩萨成了佛，"其佛世界，名曰安乐。"他的世界名叫"安乐"。鸠摩罗什翻译《佛说阿弥陀经》时，翻成"极乐"，有的经典翻译为"安养"，有的翻译成"清泰"，指的都是同一个世界。

然而，何谓"极乐"？圣严法师对此说明："极乐的意思是说，世间任何五欲之乐，都没有办法与佛国净土的解脱之乐相比，所以叫作极乐。人间的乐是与苦相对的，所以是比较的乐，而不是绝对的乐。西方净土的安乐则是绝对的，不是与苦相比较而来的，因此叫极乐。"解脱之乐跟五欲乐或是禅定乐，不可同日而言。人间及天上的凡夫，最多只有欲乐及定乐两种。圣严法师认为："解脱之乐，是没有魔障的扰乱，不受五欲的引诱，没有得失的烦恼，没有安危的困扰，没有生死的忧喜；既不被物质的环境所牵累，也不被精神的影响所动摇，所以称为解脱之乐，就是最彻底、最究竟的快乐。"修持佛法的目的在于解脱，并非获得人间五欲乐或是天上的禅定乐，这是终极关怀，也是法师这里所说的真正意义。

随喜思惟读经句

极乐世界是由阿弥陀佛的愿力所成，《佛说无量寿经》

记载，过去久远无量不可思议无数劫，有许多佛出世、灭度，其中有一佛名世自在王如来，那时有一位国王闻佛说法，心怀悦豫，发起无上正等道意，弃国捐王，行作沙门，号曰法藏，学习二百一十亿诸佛妙土清净之行，如是精勤修行之后，即于世自在王佛前发四十八大愿，成就国土，成熟众生。这就是《佛说无量寿经》所说的："法藏菩萨，今已成佛，现在西方，去此十万亿刹，其佛世界，名曰安乐。"

法藏菩萨发心修行，并为众生发起四十八大愿，可见，佛菩萨从不亏欠众生，只众生负了佛菩萨。《大势至菩萨念佛圆通章》给了我们如此启示，该章经文云："十方如来，怜念众生，如母忆子；若子逃逝，虽亿何为？"十方如来，悯念众生，轮回六道，备受众苦，恒思救济；然而，众生迷惑无知，不肯信佛念佛，辜负佛恩；犹如世间个性顽皮反叛的孩子，弃家出走，辜负慈母的一片爱心，因而有"虽忆何为"的感叹！

无量寿佛，威神光明，最尊第一，
诸佛光明，所不能及。

经句出处

无量寿佛，威神光明，最尊第一，诸佛光明，所不能及。或照百佛世界，或千佛世界，取要言之，乃照东方恒沙佛刹，南西北方，四维上下，亦复如是。

——曹魏·康僧铠译:《佛说无量寿经》

词语解释

第一：等第次序居于首位，程度最重要。

经句语译

无量寿佛的威神最为尊贵，光明最为明亮，是诸佛光明所不能比拟的。

经句的智慧

无量寿佛是法藏菩萨成佛后的德号，他的威德、神通最为尊贵，他的光明最为明亮，超过一切诸佛。诸佛的光明"或照百佛世界，或千佛世界"，无法与无量寿佛相比拟。简言之，诸佛的光明仅能照至东方恒河沙数的佛刹世界，或是十方诸佛世界。虽然诸佛的光明极强，但仍是有限，不能像无量寿佛的光明，达到无限。

　　无量寿佛的光明无量是依据第十二愿，即愿自身的光明无量，普照十方佛国而无有障碍。支娄迦谶（一四七—?）所翻译的《佛说无量清净平等觉经》亦云："我作佛时，令我光明胜于日月、诸佛之明，百亿万倍，炤（照）无数天下窈冥之处，皆常大明。诸天、人民、蠕动之类，见我光明，莫不慈心作善，来生我国。不尔者我不作佛。"可见，触照佛光，能够心软意明，慈心作善，产生智慧。无量寿佛以清净、平等的光明来照耀众生，让凡愚众生的烦恼得以开解，得到安慰。《佛说观无量寿佛经》有云："是诸佛土，虽复清净，皆有光明。"《佛说无量寿经》亦云："无量寿佛，光明显赫，照耀十方，诸佛国土，莫不闻焉。"所以修净行者应当祈愿无量寿佛，以平等清净的慈光照摄，加被我们远离颠倒，此清净光使众生业障消除，心开意解，得到救济。

随喜思惟读经句

　　无量寿佛的净光可分为一、慈悲光、智慧光；二、感应的光、瑞相的光。有关"慈悲光、智慧光"，圣严法师指出："阿弥陀佛的本誓愿力的光，不是我们用肉眼可以看到的，但是我们能够感受到、接收到。当我们知道有阿弥陀佛，持念阿弥陀佛圣号，读诵阿弥陀佛经典，实际上我们就是被阿弥陀佛的清净、智慧、本愿之光所照；这不是用眼睛看到的，而是用心接收到的。"有关"感应的光、瑞相的光"，圣严法师说："能够念佛、拜佛而见到光，见到阿弥陀佛的像，便是修行者的心有所感，而佛有所应，使其见光、见华、见像。如果大家的福德或是某一个人修行的力量特别强，就有这种瑞相显现；有时只有一个人看到，有时许多人都能看到。"在《西舫汇征》记载善胄法师往生时受到佛光触照的事迹，善胄法师平时勤奋地修持净土法门，常常看见佛菩萨的画像放光照身。他在生病的时候，忽然坐起，合掌自言："阿弥陀佛以四十八愿摄受有情众生，等到这个时候，一定要依佛的本愿往生。"接着告诉其他人："阿弥陀佛的佛光已经照到我了，他的大愿真实不虚。"说完后就往生了。

無量壽佛，光明顯赫，照耀十方，
諸佛國土，莫不聞焉。

經句出處

無量壽佛，光明顯赫，照耀十方，諸佛國土，莫不聞焉。不但我今稱其光明，一切諸佛、聲聞、緣覺、諸菩薩眾，咸共歎譽，亦復如是。

——曹魏·康僧鎧譯:《佛說無量壽經》

詞語解釋

光明顯赫：光明顯著而盛大莊嚴。　**十方**：指東、西、南、北、東南、西南、東北、西北、上、下等十方。

經句語譯

無量壽佛的光明莊嚴宏偉，照耀十方世界，他方的諸佛國土無不聽聞。

經句的智慧

支謙翻譯的《佛說阿彌陀三耶三佛薩樓佛檀過度人道

经》云："阿弥陀佛光明，名闻八方上下，无穷无极。无央数诸佛国，诸天人民，莫不闻知。佛言，不独我称誉阿弥陀佛光明也，八方上下，无央数佛、辟支佛、菩萨、阿罗汉，所称誉皆如是。"与此经所指的一样，阿弥陀佛的光明显赫，照耀十方。而且古德指出，这是由第十七愿所成就，诸佛国土莫不闻阿弥陀佛名号。

不过，我们要反问的是，为何我们感受不到佛光照射吾身？道源法师如此解释："佛经上还有个比喻：太阳光虽然大，不照覆盆。盆反过来扣到地上，叫'覆盆'，那个地方太阳光照不进去。瞎子不见太阳，眼睛看不见，比喻我们现在没有看见佛的光明，智慧眼没有开，你不能怪佛的光明，没有让我们看见，只怪我们的智慧眼没有开，智慧眼一开，你就见到佛光了。……这就是比喻我们众生为什么看不见佛的光明？因为我们的心与佛不相合，我们众生的心，是背觉合尘的心。背觉就是与佛的觉性相违背，与六尘境界相合。我们生心动念，都离不开六尘境界，与佛正相背道。你要想看见佛的光明，你背尘合觉，不要再贪念六尘境界，把你的心转个念头，向着佛这一边，合到觉这一边，你马上就看见佛的光明。"

佛光时时普照，这是释尊金口所亲说，我们无法感受到，因为我们常是背觉合尘，与佛性相违背，故见不到佛光。再者，倘若人不信阿弥陀佛有如是等力，这个人对于佛的功德海，产生了损减谤。可见感应道交难思议，修持净业行者应有坚固的信心，日夜至心不要间断地念佛，必能随意所愿。

随喜思惟读经句

《净土圣贤录》记载一则凌氏的往生事迹。凌氏法名善益，是吴县人张廷表的妻子，四十多岁时持长斋，礼奉古潭和尚为师。凌氏日夜六时行大悲忏法，并且每天边诵念《华严经》边礼拜，共计二部。凌氏时常在五更时起床，进入佛堂，其夫张廷表则煮热汤、准备水果给她食用。晚年专诵《大悲咒》及阿弥陀佛圣号，求生西方净土。有一天，观音大士显现他的圣容，凌氏接着现出病态，并告诉她的女儿说："佛光满室，我走了。"说完后即安然往生。时年六十九岁。

从这则往生事例，看到"佛光满室"，普照往生者，达到感应道交的境界。我们也从这则故事读到凌氏精勤修持，堪为模范，修持净业行者须知返妄归真，不可迷心逐境，背觉合尘。

无量寿佛，寿命长久，
不可称计，汝宁知乎？

经句出处

无量寿佛，寿命长久，不可称计，汝宁知乎？假使十方世界，无量众生，皆得人身，悉令成就，声闻缘觉，都共集会，禅思一心，竭其智力，于百千万劫，悉共推算，计其寿命，长远之数，不能穷尽，知其限极。

——曹魏·康僧铠译：《佛说无量寿经》

词语解释

称计：计算。　**宁知**：难道能够知道。

经句语译

无量寿佛的寿命很长，无法计算，你能够想象吗？

经句的智慧

无量寿佛的寿命很长，无法计算，假如十方世界的无量众生都得到人身，又全部能够修习而成就声闻或缘觉境地，将他们聚集在一起，每个人都专注一心，尽其智力，用百千万劫的时间去共同推算无量寿佛的寿命长度，也不能够穷尽，亦不能知道他的极限。

阿弥陀佛所发的第十三愿，是为寿命无量愿，又《阿弥陀经》亦云："彼佛寿命，及其人民，无量无边，阿僧祇劫，故名阿弥陀。"即指阿弥陀的法身及报身寿命无量，佛的报身寿命非凡夫所能测度，即使证得声闻、缘觉乘果位的圣人，亦无得测知佛的寿命。

虽说阿弥陀佛的寿命无量，但此"无量"可分为"无量之无量"与"有量之无量"，这两种差别在于法身、报身及化身（或说应化身）所显现出来的寿命长度不同。阿弥陀佛的法身是无始无终，而报身则有始无终，这两种皆属"无量之无量"；而应化身则有始有终，属于"有量之无量"。因为应化身的寿量虽长，但亦有涅槃。依据佛经记载，阿弥陀佛退位之后，由观世音菩萨成佛接位，号普光功德山王如来，他的世界叫作"众宝普集庄严"。

随喜思惟读经句

释迦牟尼佛在说《大方等无相大云经》时，告诉大云密藏菩萨说："善男子。于此西方，有一世界，名曰安乐，其土有佛，号无量寿，今现在世，常为众生，讲宣正法。"这表示释迦牟尼佛在此世界说法，而阿弥陀佛在彼世界说法。然而，释迦牟尼佛已经示灭，我们无由亲炙，莲池大师在《弥陀疏钞》里说："（释迦牟尼佛）双林示灭，相好难亲，徒仰嘉名，仅存像教。阿弥陀佛，则今日今时，正于彼国，现在说法。"又说："古人云：'佛在世时我沉沦，今得人身佛灭度。懊恼自身多业障，不见如来金色身。'感慕伤嗟，一至于此。今释迦虽灭，弥陀现存，但得往生，便能亲炙。而不信不愿，徒为无益之悲，亦惑矣！"由于阿弥陀佛寿命无量，亦现在说法，所以在佛世难值的情况下，往生极乐世界是明智的抉择。

莲池大师劝勉我们应发愿往生极乐，亲觐弥陀，常随佛学，速成正觉。因此，我们如今得闻弥陀如来本愿功德，应即刻发起希有之心，生起追慕极乐的想法，诚如《净土圣贤录》所言，不该再"背父逃逝，踯躅穷途，长劫漂流，莫能哀救"。

彼佛国土，清净安隐，微妙快乐，
次于无为泥洹之道。

经句出处

若欲食时，七宝钵器，自然在前。金、银、瑠璃、砗磲、码碯、珊瑚、琥珀、明月、真珠，如是诸钵，随意而至。百味饮食，自然盈满。虽有此食，实无食者。但见色闻香，意以为食，自然饱足。身心柔软，无所味着，事已化去，时至复现。彼佛国土，清净安隐，微妙快乐，次于无为泥洹之道。

——曹魏·康僧铠译:《佛说无量寿经》

词语解释

泥洹：即涅槃，指熄灭或吹熄的状态，引申为烦恼之火灭尽，达到觉悟之境。

经句语译

无量寿佛的国土清净安稳，充满微妙的快乐，仅次于无为的涅槃境界。

经句的智慧

这是讲西方极乐世界的衣、食、住的情况，经文只说饮食一项，自然胜妙、自然在前，其他如衣服、宫殿等，皆应念现前，无不具足，微妙希有，清净快乐。经文从略，不再详说。性梵法师（一九二〇——一九九七）解释这段经文说："因为彼土众生，三业殊胜，故得依食自然，资用随意之福。三业是报体，衣食是受用。报体是因，受用是果。相依相成，因果不二。……由三业清净而有之福，这名清福。三业不净而有之福，如世人有漏之福，是为痴福。清福能自利利人，痴福能自他俱害。佛弟子当求清福，勿贪痴福。"此段警语，颇值深味！清福与痴福在于有漏与无漏之别，精粗胜劣，不言而喻。

在极乐世界能够"清净安隐，微妙快乐，次于无为泥洹之道"，所谓的"清净"即是大涅槃的净德，"安隐"即是常德，"微妙"即是我德，"快乐"即是乐德，这显示极乐世界是具足"常乐我净"四德，相当于大涅槃的境界，所以说"次于无为泥洹之道"。这是由第二十四、二十七、三十八、三十九愿等功德所成就，属于彼土受用庄严。

随喜思惟读经句

这节经文提到"虽有此食，实无食者"，其间道理颇为难解。古人曾经举例，用百种药草、药菜作欢喜丸，有人食用它，得到百味。但是天人食用，则有百千种味。再进一层，菩萨福德无量，则有无量味。因此，类推极乐世界的甘露味饭，是由大悲所熏习，所以其所具味道，岂容思议！可见，透过欲念而取用的饮食，是不净之食物。相对的，极乐世界以无欲为怀，岂容实食！故云"实无食者"。尤有甚者，食亦不多不少，皆悉平等。也不对食物评论美恶，更不会因为口味美善而生喜。

此外，经文所云"意以为食"是指念食，"身心柔软"是指禅悦食，"见色闻香"是指触食，"无所味着"是指法喜食，"实无食者"是指解脱食。可见极乐世界众生的饮食，世出世间圆融无碍，也唯有如此，才能获得"无有众苦，但受诸乐"的境界。这也印证了此处经文所教示的：阿弥陀佛的国土清净安稳，充满微妙的快乐，仅次于无为的涅槃境界。

其有众生，生彼国者，
皆悉住于正定之聚。

经句出处

佛告阿难：其有众生，生彼国者，皆悉住于正定之聚。所以者何？彼佛国中，无诸邪聚，及不定聚。

——曹魏·康僧铠译:《佛说无量寿经》

词语解释

正定聚：指这类众生中必定证悟。"聚"即聚类、聚集之意。

经句语译

凡是往生到极乐国土的众生，全都归入必能证悟的类别。

经句的智慧

依据佛教的说法，将一切众生分成三大聚，聚者类也，这三大类为：第一类叫作"邪定聚"，邪定就是定于邪，跟他阐述佛法，绝不能接受。这类众生造作五无间业，必定堕于地狱，不具备成佛之素质，亦无法证悟。第二类是"不定聚"，遇到邪师邪教就相信，遇到善知识跟他谈佛法，他又学佛法。这类众生的本性正邪未定，遇善缘则成正定聚，得恶缘则成邪定聚，以其不定，故称不定聚。第三类是"正定聚"，是升起绝对的正知正见的众生。在婆婆世界有这三大聚，但极乐世界只有正定聚的众生，因为极乐世界没有邪定聚，也没有不定聚的众生。

然而，极乐世界为何只有正定聚的众生，这是第十一愿的功德所成就，该愿云："设我得佛，国中天人，不住定聚，必至灭度者，不取正觉"阿弥陀佛的国土无邪定聚与不定聚的众生，所住者皆为正定聚，这即是一般所谓的处于不退的境缘，凡是往生极乐世界的众生就是不退转的菩萨，能够一生圆成无上菩提。

随喜思惟读经句

正定聚的众生有一特质，即单进不退步，勇往直前。单进不退在于菩提心的有无，因而往生极乐国土的众生必须发菩提心，在《佛说无量寿经》里所教示的三辈往生都须发菩提心，这是成佛正因。总之，西方极乐净土没有邪定聚及不定聚的众生，他们不发菩提心，也不知道菩提心是成佛之因。

须进一层来谈"正定聚"，其实极乐世界没有所谓的三聚名称，因为西方极乐世界的众生不起贪心、执着，无我相、人相、众生相、寿者相，若有四相，便有彼此分别而起贪着，则非菩萨。这跟第三愿"设我得佛，国中天人，不悉真金色者，不取正觉"及第四愿所"设我得佛，国中天人，形色不同，有好丑者，不取正觉。"有异曲同工之妙。因为往生极乐世界的众生，皆是同一紫磨真金颜色，身形也完全一样，具有三十二相，明净端严，福德所生，令人见到，便成敬仰之心，不会讥嫌，因而没有美丑的分别心。这与大悲大慈大智相应，唯显一心实相，悟法缘生无性。只是，修净行者应发菩提心，信愿念佛，同登极乐，住于正定，圆满菩提。

诸有众生，闻其名号，
信心欢喜，乃至一念，
至心回向，愿生彼国，
即得往生，住不退转。

经句出处

十方恒沙，诸佛如来，皆共赞叹，无量寿佛，威神功
德，不可思议。诸有众生，闻其名号，信心欢喜，乃至一
念，至心回向，愿生彼国，即得往生，住不退转。唯除五
逆，诽谤正法。

——曹魏·康僧铠译:《佛说无量寿经》

词语解释

乃至：以至、甚至。在佛教的教义里，指时间、心念、
观念、称名等之极小数。

经句语译

众生听闻阿弥陀佛的名号，能生信愿心、欢喜心，甚至
只称念一声佛号，以至诚心回向，愿生净土，立即得以往
生，登不退转的阶位。

经句的智慧

众生从无量劫以来，流浪生死，这是因为最初一念无明。如今阿弥陀佛兴发大愿，众生只要信愿念佛求生彼国，一旦往生则能住于不退转位，乃至成等正觉。由一念净心转换一念无明，只此一念"阿弥陀佛"，即能成就极乐；只此一念"阿弥陀佛"，即能往生净土。诚如《无量寿经》所云："其有得闻彼佛名号，欢喜踊跃，乃至一念，当知此人为得大利，则是具足无上功德。"修净行者应注重此一念的功德利用。

一念迷即众生，一念觉即是佛，一念之力不可思议。因而众多经论皆强调一念的重要性，《摩诃般若波罗蜜经》云："菩萨于是中不生嗔恚心，乃至一念。"《金刚经》云："闻是章句，乃至一念，生净信者。"诸佛的教示，唯指一念。因此修净行者须依心念而修，至心称念弥陀，如此则能具有"空、灵、明、净"的道意可见，一念念佛的当下，即念即佛，即佛即念，非内非外，顿入如来大光明藏。

随喜思惟读经句

《净土圣贤录》记载慈愍三藏慧日法师（六八○—七四八）到印度求法，因至心念佛而遇到观世音菩萨显现的事迹：

慧日法师花了三年时间渡海到天竺，礼拜如来圣迹，找寻梵文经典。慧日法师在艰困的旅途中，开始思索什么地方才是有乐无苦？哪一种法门才能快速见佛？他询问了很多的修行者，大家都劝他修行净土法门，慧日就此信受。

他到了北印度健驮罗国，王城东北有座大山，山中有观世音像。慧日法师到这座山叩头礼拜七日，而且断食，希望能够见到菩萨。到了第七天晚上，观世音菩萨现紫金身，右手抚摩慧日的头顶说："你要传法，自利利他，只有至心念阿弥陀佛佛号，发愿往生极乐净土。到了极乐净土，就能够见到阿弥陀佛与我，得到大法利。你要知道，净土法门远胜过其他修行法门。"说完之后，便隐去不见。慧日法师后来回乡，朝廷赐号慈愍三藏。他日夜勤修净业，提倡净土法门，著作《净土集》流传后世。其在将要过世前，看见莲花现前，状如日轮。

从这则故事可以印证，为什么十方诸佛都赞叹阿弥陀佛的威神功德不可思议，因为"诸有众生，闻其名号，信心欢喜，乃至一念，至心回向，愿生彼国，即得往生，住不退转"。慧日法师是净土法门的大德，其作略及行径，成为修净行者的楷模。

十方世界，诸天人民，其有至心，

愿生彼国，凡有三辈。

经句出处

佛告阿难，十方世界，诸天人民，其有至心，愿生彼国，凡有三辈。

——曹魏·康僧铠译：《佛说无量寿经》

词语解释

至心：最诚挚之心，即至诚心。　　**三辈**：往生阿弥陀佛国土的上辈、中辈、下辈等三类众生。

经句语译

十方世界的众生与天人，只要有至诚心，发愿往生净土，可得上、中、下三辈往生。

经句的智慧

十方世界的诸天及所有人民，他们的根性虽有不同，但是只要能够以至诚恳切之心，愿意往生安乐世界，则依各自善根、福德、因缘，得以上辈、中辈、下辈三个等级往生极乐世界。大抵而言，上辈所修持的净土行业是：舍家弃欲而为沙门，发菩提心，一向念无量寿佛；中辈所修持的净土行业是：虽不能为沙门，修大功德，而能发菩提心，一向念无量寿佛，起立塔像，饭食沙门等；下辈所修持的净土行业是：但发菩提心，一向念无量寿佛，乃至十念者。

西方极乐世界广纳上、中、下诸根的众生，这也是净土法门常言的"三根普被，利钝全收"的道理，因而古德常说净土法门是"上上智不能踰其阃；下下根亦能臻其域"。《无量寿经》的三辈与《观无量寿经》所说的九品，二者是否相同，历来各家说法不一。

昙鸾、净影慧远、嘉祥吉藏等认为相同，道源法师亦认为二者相同，他说："《无量寿经》没有说九品，只说三辈。三辈跟《十六观经》的九品，是不是一样的？一样的，三辈就是上中下，上中下里边再详细分，再分上中下就是九品，这是总其大数叫三辈，《十六观经》再详细分为九品。"圣严法师亦认为二者可对比而论："《观无量寿经》……莲花化生的品位也不同，一共有九等。与此经对比，则上三品为上辈、中三品为中辈、下三品为下辈。"

不过，吾人须知众生起行，有千殊万别，因而往生极乐世界的品位，亦有千万种不同。佛陀把无量无边的机类暂分上中下三辈，又于三辈中各开三品，以分辨其净土行业的浅深。

随喜思惟读经句

值得注意的是，三辈往生者皆须发菩提心，曾经有位修净行者问李炳南居士说："自家念佛，不会度众生，临命终时能不能升西?"李炳南居士回答："不会度众，是无弘法之才；不肯度众，是无菩提之心。才虽不可勉强，菩提心不可不发耳。"

会不会度众不能勉强，肯不肯发菩提心则须必定。发菩提心不是"能或不能"的问题，而是"愿或不愿"的问题。不会度众与不肯度众，虽一字之差，但其内涵底蕴则大异其趣。菩提心的要义在于上求佛道，下化众生，因而发菩提心者即是肯度众之人，不肯度众者即是无菩提心之人。无菩提心之人则无法往生西方极乐世界，因为无法与大乘心行相应。大乘能容受一切，印顺导师说："只要以大乘心行来修学，小法也就成为大乘了!"可见，能彻底救治众生的大法，即大乘之菩提心法。

其上辈者，舍家弃欲，

而作沙门，发菩提心，

一向专念无量寿佛，

修诸功德，愿生彼国。

经句出处

其上辈者，舍家弃欲，而作沙门，发菩提心，一向专念无量寿佛，修诸功德，愿生彼国。此等众生，临寿终时，无量寿佛与诸大众，现其人前，即随彼佛，往生其国，便于七宝华中，自然化生，住不退转，智慧勇猛，神通自在。

——曹魏·康僧铠译：《佛说无量寿经》

词语解释

沙门：指剃除须发，止息诸恶，善调身心，勤行诸善，希望证入涅槃的出家修道者。

经句语译

上辈往生的人必须舍弃家庭与情欲，成为一个出家的修行者，并发起上求佛道和下化众生的菩提心，随时随地专心称念无量寿佛，修习各种功德之本，发愿往生极乐国土。

经句的智慧

能够上辈往生的五个条件是：一、舍家弃欲而作沙门；二、发菩提心；三、一向专念无量寿佛的名号；四、修种种功德；五、发愿愿生西方极乐世界。简言之，即于因行中有五因缘。

关于第一项的出家，玄恽法师（？—六八三）说："出家造恶极难，如陆地行船；在家起过即易，如海中泛舟。又出家修道易为，如海中泛舟；在家修福甚难，如陆地行船。然有心出家而身不出家，身出家而心不出家等。今身心俱出家，故云舍家弃欲。"说明出家与在家之不同处。第二项的发心，是以发菩提心为正因，此中包括：发厌离心、发钦慕心、发度生心。第三项的念佛，是不论在何时何处，总要精进不懈，称念阿弥陀佛名号，系念阿弥陀佛功德。第四项的诸行，是奉行六波罗蜜，不亏经戒，慈心精进，不当嗔怒，虽然本经没有明言修哪些功德，但衡诸经证，应为三福的内容。第五项的发愿，是深信阿弥陀佛愿力庄严的净土，愿现生得见彼国，然后回入娑婆，广度有情众生。以上五项为上辈往生必修之因，跟中下辈的功德不同，主要不同在于出家与功德，其余无甚差别，尤其发菩提心是往生正因，三辈皆须具备。

随喜思惟读经句

永明延寿大师（九〇四—九七五）曾在国清寺修持

"法华忏法"，在禅定中看到观世音菩萨，以甘露水灌入他的口中，因此获得无碍辩才。后来因终身归宿尚未决定，方作两个阄，一是一心修禅定，一是广修万行庄严净土。七次拈阄都得到净土签，于是一心专修净土。延寿大师每日订定一〇八种功课，夜里则到山岭里去经行念佛，附近的居人常听到螺贝天乐的声音。一生诵《法华经》一万三千部，时常给大众授菩萨戒，施食给鬼神饮食，用金钱赎买鱼禽、牲畜来放生，并将这些善行回向往生极乐净土。某日早晨，起床后焚香告别大众，接着趺坐而往生。

后来有一位僧人来自江西临川县，经年累月地绕行永明延寿大师的舍利塔，人家问他为什么如此做？他说："我曾经生病入于幽冥界，见到阎罗王精勤地恭敬礼拜一位僧人的图像，因此向人询问阎罗王所拜何人？答曰杭州的永明延寿禅师，大师已经直接往生极乐世界上上品了。阎王尊重他的德行，因此恭敬礼拜他。"永明延寿即出家沙门的上辈往生者，他的作略正与本经所云，若合符节。

多少修善，奉持斋戒，
起立塔像，饭食沙门，
悬缯然灯，散华烧香，
以此回向，愿生彼国。

经句出处

其中辈者，十方世界，诸天人民，其有至心，愿生彼国，虽不能行作沙门，大修功德，当发无上菩提之心，一向专念无量寿佛，多少修善，奉持斋戒，起立塔像，饭食沙门，悬缯然灯，散华烧香，以此回向，愿生彼国。

——曹魏·康僧铠译:《佛说无量寿经》

词语解释

斋戒：指祭祀前沐浴更衣、整洁身心，以示虔诚；另指八关斋戒。　**饭食**：以饭食供养沙门。　**悬缯**：悬挂幢幡于佛殿，幢指竿柱，幡指所垂的长帛。"缯"是古代丝织品的总称。　**然灯**：点灯，"然"即"燃"。　**散华**：为供佛而散撒花朵。

经句语译

或多或少修习善行，奉持八关斋戒，建造佛塔和设立佛像，以饭食供养出家人，悬挂幢幡，燃点灯烛，散花烧香等等，并以这些功德回向颐生极乐国土。

经句的智慧

中辈往生者，虽不能出家，但亦须发菩提心、一向专念无量寿佛，这跟上辈往生者是一样的。此外，多少修善等助行，则是中辈往生者的必修行业。中辈往生者因出家因缘不具足，不能行作沙门，因而无法大修功德，但仍须"多少修善"，这里的"多少"，道源法师指出："随你在家的心力，随你在家的财力。你发心发多么大，就修多么大的善事。你发心发大了，财力跟不上，也只好随你财力去做善事，但是不能不修善，或多或少都要修。"这是值得注意的事，一般认为念佛只须单提一句弥陀，其余皆可不管，恐怕有违经意。

此节经文教示修持的善事，包括：奉持斋戒、起立塔像、饭食沙门、悬缯然灯、散华烧香。其中"奉持斋戒"，是因在家众不能出家，而受持八关斋戒，这是佛陀为在家弟子所制定的暂时出家的学习方式。受持者必须一日一夜离开家庭，赴僧团居住，以学习出家人的生活。所谓的"八"指持八种戒，即一不杀生；二不偷盗；三不淫；四不妄语；五不饮酒；六不以华鬘装饰自身，不歌舞观听；七不坐卧高广华丽床座；八不非时食。"关"即闭的意思，"戒"有防非止恶的作用。意思是说，如能持八种戒，便能防止身口意三业的恶行，因此可关闭恶道之门。圣严法师的《戒律学纲要》说："八戒虽以六斋日为常经，但逢佛菩萨诞日，自己的生日，父母的死亡日，或为六亲眷属做诸功德之日，以及一切纪念、怀恩、修福、祈祷之日，均应酌情受持八戒。"可见受持八关斋戒的时节甚广，不一定只在六斋日。

随喜思惟读经句

在《修西闻见录》里记载一则中辈往生的事迹：昙影道人在十三岁时就归心净土，十六岁不食荤血，每天课诵佛号一万声。十八岁时得了喀血的疾病，隔年六月，撑着病体受持五戒。又隔一年的二月，她坚定念佛，吉祥而逝。

昙影道人性情温和，不事女工。她在修行之余，手不释卷，与兄长讨论佛典，往往谈到夜半时分。道人读诵《华严经》、《法华经》、《圆觉经》等，都能掌握其中要义。她又精读《净土十要》，对于天台、华严的圆顿教旨颇有心得．生病的这段时间，她念诵《大般若经》二百八十卷，深恐念诵不完，仍于疾病缠身的情况下努力念诵。此时常州李上善以一行三昧教授大众，道人便师事李上善，求生净土的意志更加坚定，每日课诵佛号三万声．道人病重时，她在床前设佛像燃香，猛诵佛名，直至声气逐渐微弱，溘然而逝。这夜，她托梦告诉兄长自己已经到了极乐净土。李上善也在定中见到道人前来相告："我已蒙观世音菩萨接引，得到中品下生的果位。"

从这则往生事例看来，努力修持，功不唐捐。修净行者应日日常念，如果平时作务允许，可以立一规炬，订定日课，集中精神，赶期取证。

当发无上菩提之心，一向专意，
乃至十念，念无量寿佛，愿生其国。

经句出处

其下辈者，十方世界，诸天人民，其有至心，欲生彼国，假使不能，作诸功德，当发无上菩提之心，一向专意，乃至十念，念无量寿佛，愿生其国。若闻深法，欢喜信乐，不生疑惑，乃至一念，念于彼佛，以至诚心，愿生其国。

——曹魏·康僧铠译：《佛说无量寿经》

词语解释

专意：专心；心思专用于某事。

经句语译

应发起无上的菩提心，专心称念无量寿佛的名号，不论是一念乃至于十念，都发愿要往生极乐国土。

经句的智慧

本节经文的重点在于，专心称念无量寿佛的名号，无论一念乃至十念，念念都发愿要往生极乐国土。须注意的是，"十念"的原意具有"思惟"、"思念"或"忆念"内涵。例如《弥勒发问经》所说的"十念"：一慈心、二悲心、三护法心、四忍辱决定心、五深心清净、六发一切种智心、七尊重心、八不生味着心、九远离愦闹散乱心、十正念观佛。《弥勒发问经》的"十念"跟净土法门的"十念"比较，后者缘于此"十念"皆为下品众生所能生起的"心念"，是为救度下品凡夫的教示；而前者非为凡夫之行法，是初地以上菩萨乃能具足的十念。

不过，善导大师认为"众生障重，境细心粗，识飏神飞，观难成就"，故将"十念"转为"十声"，宏愿称名念佛，这在净土法门的演进上，冠绝古今。善导的诠释，"不是经释之说"，而是"独自释义"，他的净土教学与诸师相异，给予佛教思想划时代发展之意义。

随喜思惟读经句

善导大师将"十念"转为"十声"，影响甚巨，后来许多学者视同"十念"为"十声"，使"十声"成为修持主流。宋代天台宗慈云忏主（九六四——一〇三二）的"十念法门"及莲宗十三祖印光大师的"十念记数"法，也是以"十声"来操持"十念"。以下简介"十念记数"法，此法于操作上非常简易，印光大师如此解说："所谓十念记数者，当念佛时，从一句至十句，须念得分明，仍须记得分明。至十句已，又须从一句至十句念，不可二十、三十。随念随记，不可掐珠，唯凭心记。若十句直记为难，或分为两气，则从一至五，从六至十。若又费力，当从一至三，从四至六，从七至十，作三气念。念得清楚，记得清楚，听得清楚，妄念无处着脚，一心不乱，久当自得耳。"

此法的要点是：每念一句佛号，心中随之默数一个数字，由一数到十，例如"阿弥陀佛1，阿弥陀佛2……阿弥陀佛10"，如此一周名为"十念记数"。然后再从头由一数起，周而复始，不令间断，达到一心不乱。其中念四字"阿弥陀佛"或六字"南无阿弥陀佛"皆可，不过印光大师强调使用后者，因为他一向主张念佛时不缓不急，所以念六字不像四字般，行者于不知不觉中会快口滑过。而且，加念"南无"（意即皈依），具有至诚恭敬的态度，此与印光大师一而再、再而三地强调修行须具恭敬心的主张一致。

一名观世音，二名大势至，此二菩萨，

于此国土，修菩萨行，

命终转化，生彼佛国。

经句出处

有二菩萨，最尊第一，威神光明，普照三千大千世界。阿难白佛："彼二菩萨，其号云何？"佛言："一名观世音，二名大势至，此二菩萨，于此国土，修菩萨行，命终转化，生彼佛国。"

——曹魏·康僧铠译：《佛说无量寿经》

词语解释

转化：迁转变化，指命终时由娑婆世界转生到极乐净土。

经句语译

一位名叫观世音，一位名叫大势至，这两位菩萨于娑婆世界修菩萨行，命终时转化往生到无量寿佛的国土。

经句的智慧

观世音菩萨又称作"光世音菩萨"、"观自在菩萨"、"观世自在菩萨"，此尊菩萨有许多尊号，他以慈悲救济众生为本愿，凡是遇难众生诵念他的名号，他实时观其音声来源而前往救度，所以称作观世音菩萨，与大势至菩萨同为西方极乐世界阿弥陀佛之胁侍。大势至菩萨又叫作"得大势菩萨"、"大精进菩萨"，此尊菩萨以智慧光普照一切，令众生离三涂苦，得无上力，再者，他所行之处，十方世界一切大地皆震动，故称大势至。《观音授记经》云："阿弥陀佛灭度后，观世音菩萨接补佛位，名为'普光功德山王佛'。此佛灭度后，大势至菩萨接补佛位，名为'善住功德宝王佛'。"

西方极乐世界一生补处的菩萨无量无边，但其中有两个上座，即是观世音菩萨和大势至菩萨，分别坐于阿弥陀佛的左右，观世音菩萨坐左华座，大势至菩萨坐右华座。这两位菩萨的威德神通和光明，能遍照三千大千世界。有古德依据许多经典的说法而指出，观世音及大势至菩萨，虽然常侍在无量寿身边，但亦从本师释迦牟尼佛在娑婆世界转法轮。可说二士交相造化，娑婆为华，极乐为果；果必因华，华不异果。

随喜思惟读经句

宋代的《三宝感应要略录》记载当时并州的念佛盛况，并州这个地方七岁以上的百姓都能念佛，但有一位比丘叫作道如，不但不念佛，也不持戒，犯戒后也不忏悔。六十一岁时忽然中风，拖了一个多月过世。不过三天后又复活，疾病也痊愈。他对人说："我刚死时，看见观世音、大势至两位菩萨前来教示我：'你不修净土业，但因你听闻过大乘方等十二部经典的名字，所以能够依此因缘，消除你微薄的罪垢。你的寿命未尽，十二年后，可生净土。'听完时我合掌流泪，接着苏醒过来。"道如比丘醒来后，印造方等大集等经典，还修习念佛法门，到第十二年的正月十五过世，那时天华如雨般飘落，很多人都看见。

这是一则有关观世音、大势至两位菩萨显现教化的事迹，道如身为比丘，但荒唐过日，由于他过去世植有深厚善缘，方能得到两位大士的教导。从另一个角度看，这则故事让我们知道两位大士时时助佛宣化，普度众生。

其钝根者，成就二忍；其利根者，得不可计，无生法忍。

经句出处

阿难！其有众生，生彼国者，皆悉具足，三十二相，智慧成满，深入诸法，究畅要妙，神通无碍，诸根明利。其钝根者，成就二忍。其利根者，得不可计，无生法忍。

——曹魏·康僧铠译：《佛说无量寿经》

词语解释

二忍：音响忍及柔顺忍，前者指听闻教法而得心安；后者指慧心柔软，随顺真理而得悟。 **无生法忍**：观无生无灭之诸法实相，安住在此实相而不动心。

经句语译

其中根性较钝者，能够获得音响忍和柔顺忍；根性较利者则可获得无法计量的无生法忍。

经句的智慧

阿弥陀佛的第四十八愿是"得三法忍愿",他方世界的诸菩萨众,听闻阿弥陀佛名号,立即获得一、二、三法忍。那么,何谓三法忍?《无量寿经》有云:"若彼国人天,见此树者,得三法忍:一者音响忍,二者柔顺忍,三者无生法忍。"本句经文所言的"其钝根者,成就二忍",是指前音响忍、柔顺忍。

隋代净影寺慧远大师的《无量寿经义疏》解释此三法忍,认为三地以前的菩萨,寻法音而悟者,名音响忍;四、五、六地的菩萨,已能舍去义解诠释而直悟实相者,名柔顺忍;七地以上的菩萨,已证实相离相,名无生法忍。不过,这样的说法仍有争议,例如新罗的璟兴法师所撰《无量寿经连义述文赞》指出本经所说三忍,都是初地以上菩萨,慧远大师判定的阶位较高,也提高了往生极乐世界的难度,失去了三根普被、利钝全收之真实义。

此外,甚为重要的是,善导大师所说的三忍是:一喜忍,念阿弥陀佛而生欢喜心者;二悟忍,念阿弥陀佛而悟解真理者;三信忍,念阿弥陀佛而住于正信者。认为在《佛说观无量寿经》韦提希夫人所得之无生法忍,就是此三忍。

随喜思惟读经句

印度的迦维罗卫国城里有一位名叫差摩竭的人,他曾造访佛陀,并向佛陀请教:"菩萨如何修行才能快速得到无上正等正觉，具有三十二相，并且自在往来于各佛国之间；临寿终时一心不乱，投生之处，不堕八难，能够知道过去未来的所有事情，成就种种法门，了解一切法而无所罣碍，信解空行，得无生法忍。此外，还能够以至心成为沙门，不会犯戒，在日常居处中随喜安乐?"佛陀为差摩竭解说菩萨如何修行忍辱、布施等法，最后讲述菩萨所获得的无我无人、诸法如化的成就；此时差摩竭证得无生法忍。佛陀授记，使差摩竭寿终后能往生西方极乐国土，护持佛法，教化人民，使他们能得到不退转的境界，就这样无数劫后，可在娑婆世界依次成佛。

这则出自《净土圣贤录》的往生事例，差摩竭在娑婆世界所问的修行法，悉能善于修学，证得无生法忍，救济世间，利益安乐无量众生。吾人可以推论，能于娑婆现证无生法忍，往生极乐世界时的必能上品。

佛语教诲，无敢亏负。当求度世，
拔断生死，众恶之本。

经句出处

汝今诸天人民，及后世人，得佛经语，当熟思之，能于其中，端心正行。主上为善，率化其下，转相敕令，各自端守。尊圣敬善，仁慈博爱。佛语教诲，无敢亏负。当求度世，拔断生死，众恶之本。当离三涂，无量忧怖，苦痛之道。

——曹魏·康僧铠译:《佛说无量寿经》

词语解释

教诲：教导训诲。　**亏负**：辜负。　**众恶**：各种罪恶。

经句语译

对佛的教诲，不敢违背辜负。应当要求自度与度他，以拔除生死轮回及种种恶行的根本。

经句的智慧

对佛陀的言说教诲，不敢辜负、违背，因为《金刚经》说："如来是真语者、实语者、不诳语者、不异语者。"佛陀说法善巧无比，因为具足八种梵音说法，能令听佛经语的众生，都觉得佛陀是在对他而讲，感受到句句都是真实语、不诳语、不异语。性梵法师说："听佛经教，就好比奉到世间帝王的圣旨，毕恭毕敬，谨慎领受，贯彻于心，三复斯言，不敢轻忽。"学习经教必须熟悉，常常读诵熏习，依教奉行，举心动念使三业与教理相应。

佛为法王，于法自在，福慧两足，普为一切凡圣天人的导师，能随类现化，应机说法，尤能随娑婆众生的心愿，开示下手易而成功高的净土法门，令一切苦恼众生能乘佛愿力，横超三界，了生脱死。因此，欲"拔断生死，众恶之本"，唯修信愿念佛一法，欣求极乐，厌离娑婆，尽此一生，断恶修善，至心精进，恳切求生。这样的努力虽是艰困，但是往生极乐，证入无住涅槃，自在随意，可至十方世界随缘度众。

随喜思惟读经句

过去有位比丘一直没法控制意念，容易受外面境缘影响，佛陀知道后教他一种修行法，佛陀说："修行时意念散乱，是因为没有将'死'的念头放在心里，假若了解人生无常，生与死只在呼吸间，如此便能积极修行。"这段话被国王听到，国王想试试这个方法，就在此时有一个人批评出家人，国王叫人抓起他，说："你对出家人不尊重，该当何罪？我给你一个免死机会，从现在开始，你端一碗装满蜂蜜的碗在街头转一圈，如果蜂蜜不滴下来，就放你一条生路。"国王事先派人在街路安排歌乐和美女，使他分心，看他会不会因外境影响而把蜂蜜滴下来。端着蜂蜜的人因为挂念着生死，意念专注，捧着一碗足以夺其生命的蜂蜜。

他小心地绕完，国王问他："在街上你听到什么，或看到什么？"他回答国王说："启禀大王！我双手端着装满蜂蜜的碗，如不小心滴一滴，便会没命，因此我没有心思管其他事。街上发生了什么事，我完全不知道。"

修行要有成就，便须时时把"死"的念头放在心里，生死心不切，无法修行有成。印光大师曾书"死"字于床前，并解释："学道之人念念不忘此字，则道业自成。"可见，想"拔断生死，众恶之本"，此不啻为一良方。

正心正意，斋戒清净，一日一夜，
胜在无量寿国，为善百岁。

经句出处

汝等于是，广植德本，布恩施惠，勿犯道禁。忍辱精进，一心智慧。转相教化，为德立善。正心正意，斋戒清净，一日一夜，胜在无量寿国，为善百岁。

——曹魏·康僧铠译：《佛说无量寿经》

词语解释

斋戒：指祭祀前沐浴更衣、整洁身心，以示虔诚；另指八关斋戒。 **清净**：心境洁净不受外扰，远离恶行与烦恼。

经句语译

如果能正心诚意地以清净心奉持斋戒，即使只有一日一夜，也胜过在极乐国土为善一百年。

经句的智慧

正心表示正直之心，远离谄曲；正意表示纯正的心志，没有邪念。这里强调以至诚的清净心在娑婆世界受持八关斋戒一日一夜，胜于在无量寿佛的安乐国中修善百岁的功德，《思益梵天所问经》说："若人于净国，持戒满一劫。此土须臾间，行慈为最胜。……净土多亿劫，受持法解脱。于此娑婆界，从旦至食胜。我见喜乐国，及见安乐土。此中无苦恼，亦无苦恼名。于彼作功德，未足以为奇。于此烦恼处，能忍不可事。亦教他此法，其福为最胜。"

新罗的憬兴法师解释："此（指娑婆世界）修难成，故于一日胜西方国百年之善。"因在无量寿佛的国土，没有持戒犯戒的问题，唯有积聚众善，而无丝毫的恶行恶事。相较之下，在娑婆世界的修持功德远胜于极乐世界。这也让我们了解为何《佛说阿弥陀经》指出释迦牟尼佛"能于娑婆国土，五浊恶世，劫浊、见浊、烦恼浊、众生浊、命浊中，得阿耨多罗三藐三菩提，为诸众生，说是一切世间难信之法"。十方诸佛也称赞释迦牟尼佛"不可思议功德"的道理。

然而《佛说阿弥陀经》亦说众生"应当发愿，生彼国土"，证得不退转后，学习释迦牟尼佛倒驾慈航，来此娑婆世界的五浊恶世，修无量福德，度无边众生。

随喜思惟读经句

虽说在娑婆世界修持的功德胜于极乐世界，但有一说认为在娑婆世界修行的障缘多，所以不容易成佛，而且佛经说成佛须经三大阿僧祇劫，不过，这三大阿僧祇劫是从进入初住位才开始起算，众生未证入初住位前，载净载沉于六道，无论多久都未包括在这三大阿僧祇劫内。因而圆瑛法师依据《弥陀要解便蒙钞》所言，举出在五浊恶世成佛的十种困难原因：

一、净土常常见佛故易，浊世不常见佛故难。

二、净土常常闻法故易，浊世不常闻法故难。

三、净土诸善俱会故易，浊世恶友牵缠故难。

四、净土无有魔事故易，浊世群魔恼乱故难。

五、净土不受轮回故易，浊世轮回不息故难。

六、净土无三恶道故易，浊世恶趣难逃故难。

七、净土胜缘助道故易，浊世尘缘障道故难。

八、净土寿命无量故易，浊世寿命短促故难。

九、净土圆证不退故易，浊世修行多退故难。

十、净土一生成佛故易，浊世多劫难成故难。

这样的说法在净土教学这个领域流传甚广，亦颇为修净行者所信受，对于劝信往生极乐世界，其作用甚大。

我哀愍汝等，诸天人民，甚于父母念子。

经句出处

我哀愍汝等，诸天人民，甚于父母念子。今我于此世作佛，降化五恶，消除五痛，绝灭五烧，以善攻恶，拔生死之苦，令获五德，升无为之安。

——曹魏·康僧铠译：《佛说无量寿经》

词语解释

哀愍：怜悯、哀怜。

经句语译

我怜悯你们这些天人、世人，更胜过父母关爱他们的子女。

经句的智慧

为何佛哀愍众生甚于父母？首先，父母仅限于一世，而佛于无量劫一直在帮助、救度众生。其次，父母不见得能够达到平等心，而佛则处于平等。第三，父母厌恶不孝，而佛愍念恶逆。

就净土法门的法义而言，佛完全出于大慈大悲，愍念五浊恶世苦恼众生，于教示许多方便法门后，仍再特别开示净土法门，令一切苦恼凡夫众生能乘佛愿力而带业往生，跳脱轮回。印光大师说："良以一切法门，皆须依戒定慧之道力，断贪嗔痴之烦惑。若到定慧力深，烦惑净尽，方有了生死分。倘烦惑断而未尽，任汝有大智慧，有大辩才，有大神通，能知过去未来，要去就去，要来就来，亦不能了，况其下焉者乎！仗自力了生死之难，真难如登天矣。"因此如来哀愍众生，特开信愿念佛求生西方的净土法门，此法门即浅即深、即权即实。印光大师说此法门："下手易而成功高，用力少而得效速；畅如来出世之本怀，作众生出苦之达道。"可见，根机陋劣的末世众生，假若舍弃此法门，则出苦无期。这亦可见佛如慈母，对众生之恩德，如天地普覆普载。

随喜思惟读经句

五恶、五痛、五烧，属于因果报应，如影随形。《佛说无量寿经》云："善恶报应，祸福相承，身自当之，无谁代者。"因果相承，自作自受，没有任何人可以代替受罪。本经又说："善人行善，从乐入乐，从明入明。恶人行恶，从苦入苦，从冥入冥。"善恶业道的差别相，丝毫不会有差错，若行十善业，必然过得快乐，且又聪明智慧，深信善恶因果，远离众恶。相对的，若行十恶业，必然忧悲苦恼，且又闭塞愚痴，拨无因果，起大邪见。《地藏菩萨本愿经》云："此世罪苦众生，……未来无量劫中茵蔓不断。"这即是"从苦入苦，从冥入冥"的写照。因而，佛哀愍众生，示以知因识果、止恶行善的方法，如《佛遗教经》说："佛如良医，知病说药"，然而"服与不服，非医咎也。"

善导大师说："佛遣舍者即舍，佛遣行者即行，佛遣去处即去，是名随顺佛教、随顺佛意，是名随顺佛愿，是名真佛弟子。"想得无上佛果，须先成为真佛弟子，否则"贪嗔邪伪，奸诈百端，恶性难侵，事同蛇蝎，虽起三业，名为杂毒之善，亦名虚假之行，不名真实业也。"的确，修净行者发菩提心，不得有丝毫谄曲之心，圆因法师（一九〇九—二〇〇二）说："一个人学佛到底有没有精进，看看自己的行持，反省一下日常生活中自己的'贪嗔痴'有没有减少，即可自知。"

此诸众生，生彼宫殿，

寿五百岁，常不见佛，

不闻经法，不见菩萨、声闻圣众。

是故于彼国土，谓之胎生。

经句出处

若有众生，以疑惑心，修诸功德，愿生彼国，不了佛智，不思议智，不可称智，大乘广智，无等无伦，最上胜智。于此诸智，疑惑不信；然犹信罪福，修习善本，愿生其国。此诸众生，生彼宫殿，寿五百岁，常不见佛，不闻经法，不见菩萨、声闻圣众。是故于彼国土，谓之胎生。

——曹魏·康僧铠译:《佛说无量寿经》

词语解释

胎生：以疑惑心修诸功德，死后受生于极乐净土之边地，因处莲胎中，故谓"胎生"。

经句语译

这类众生往生到极乐国土的宫殿时，在五百年内见不到无量寿佛，也听不到经典法义，见不到众圣。在极乐国土中，被称为"胎生"。

经句的智慧

修净行者如果功行不同，往生品位相对不同。在《佛说观无量寿佛经》里提到上品上生、上品中生、上品下生；中品上生、中品中生、中品下生；下品上生、下品中生、下品下生，共九个等次。另外，有一类众生以疑惑心修诸功德，死后受生于极乐净土之边地，五百岁中不得见闻三宝。修持净土法门者需要绝对信，半信半疑或暂信暂不信，容易堕入边地。

许多人都想要改变自己，但缺乏独立意志，常常半途而废，无法强化意志，使得修行成为不可能实现的事。其实，修行不是件很难的事，"千里之行，始于足下"，信守自己初发心时的承诺，一点一滴地实践，成功将是指日可待。不怕困难，持之以恒，是成功的不二法门。唯有恒心，才能走过荆天棘地，才能辟出成功的小径。

随喜思惟读经句

《净土圣贤录》记载袁宏道往生边地的事迹。袁宏道的弟弟袁中道有一天课诵完毕后跏趺静坐，忽然间入定，此时有二位童子引导他向西飞行，袁中道见到大地平坦如掌，光耀明净细滑柔润。旁边有水渠，水中有五色莲华，芬芳异常，七宝栏楯交罗排列，楼阁整齐美丽。袁中道向童子问道："此是何地？您是何人？"童子说："我是灵和先生的侍者！"袁中道问："灵和先生是谁？"童子说："正是您的兄长袁中郎（袁宏道）啊！他正在等您，赶紧前去。"袁中道依着步道往前走，经过二十几重楼阁，有一个人来迎接，容貌如同美玉，衣服如同云霞，身长一丈余，见到袁中道时欢喜地说："弟弟，你来了！"袁中道仔细地一看，原来是袁宏道。

袁宏道说："此是西方极乐世界的边地，信解未成，持戒未全，大多生于此地。又称为'懈慢国'。"接着说："我求生净土的愿力虽深，但情执未除，刚开始化生于边地，现已经居住在净土。但是终究因为以前持戒不够严谨精进，因此只能在地面居住，不能与大菩萨们一起飞翔于虚空和七宝楼阁，仍需进一步修行。"

袁宏道虽然念佛修诸功德，也发愿往生彼国，但由于"信解未成，持戒未全"，尚有过失，因此往生到边地，不能亲见弥陀，不闻诸佛菩萨说法，心不开解，意不欢乐。这种情况假名为"胎生"，以此土的胎狱来譬喻彼国的宫殿，往生者不能随即见闻佛法。

参考文献

一、丛书及工具书（以编著者姓氏笔画排列）

中野达慧编:《卍续藏经》,香港:香港影印续藏经委员会,一九六七——一九六八年。

方诗铭编:《中国历史纪年表》,上海:上海辞书出版社,一九九一年。

姜亮夫编:《历代名人年里碑传总表》,台北:台湾商务印馆,一九七五年。

高楠顺次郎、渡边海旭编:《大正新修大藏经》,东京:大正一切经刊行会,一九二四——一九三五年。

望月信亨、冢本善隆等编:《望月佛教大辞典》,东京:世界圣典刊行协会,一九七三年。

梁廷灿编:《历代名人生卒年表》,台北:台湾商务印书馆,一九七九年。

净土宗大辞典编纂委员会编集:《净土宗大辞典》,京都:山喜房佛书林,一九八七年。

蓝吉富主编:《中国佛教百科全书》,台南:中华佛教百科文献基金会，一九九四年。

蓝吉富主编：《印顺·吕澂佛学辞典》，台南：中华佛教百科文献基金会，二〇〇〇年。

释智谕主编：《净土藏汇粹》，台北：西莲净苑，一九九一年。

释慈怡主编：《佛光大辞典》，高雄：佛光出版社，一九八八年。

二、古籍（以译者的年代或朝代笔画排列)

元·释永中、释如卺：《缁门警训》，《大正藏》第四十八册。

元·释念常：《佛祖历代通载》，《大正藏》第四十七册。

元·释普度：《庐山莲宗宝鉴》，《大正藏》第四十七册。

日·法然：《撰择本愿念佛集》，台北：本愿山弥陀净舍印经会，一九九三年十一月。

日·源信着，石田瑞麿译：《往生要集》，东京：岩波文库，一九九二年。

北凉·昙无谶译：《大般涅槃经》，《大正藏》第十二册。

北魏·释昙鸾：《往生论注》，《大正藏》第四十册。

北魏·释昙鸾：《略论安乐净土义》，《大正藏》第四十七册。

北魏·释昙鸾：《赞阿弥陀佛偈》，《大正藏》第四十七册。

失译:《别译杂阿含经》,《大正藏》第二册。

失译:《那先比丘经》,《大正藏》,第三十二册。

印度·世亲造,梁·真谛译:《佛性论》,《大正藏》第三十一册。

印度·世亲着,梁·真谛译:《摄大乘论释》,《大正藏》第三十一册。

印度·菩萨造、梁·真谛译:《大乘起信论》,《大正藏》第三十二册。

印度·僧伽斯那撰,萧齐·求那毗地译:《百喻经》,《大正藏》第十二册。

印度·莲华戒造,宋·施护译:《广释菩提心论》,《大正藏》第三十二册。

印度·龙树造,姚秦·鸠摩罗什译:《十住毗婆沙论》,《大正藏》第二十六册。

印度·龙树造,姚秦·鸠摩罗什译:《大智度论》,《大正藏》第二十五册。

西晋·释法炬、释法立译:《法句譬喻经》,《大正藏》第四册。

吴·支谦译:《阿弥陀三耶三佛萨楼佛檀过度人道经》,《大正藏》第十二册。

吴越·释延寿:《宗镜录》,《大正藏》第四十八册。

吴越·释延寿:《万善同归集》,《大正藏》,第四十八册。

宋·王日休:《龙舒增广净土文》,《大正藏》第四十

317

七册。

宋·王日休校辑:《大阿弥陀经》,《大正藏》第十二册。

宋·王古:《新修净土往生传》,《卍续藏经》第七十八册。

宋·释元照:《阿弥陀佛经义疏》,《大正藏》第三十七册。

宋·释元照:《观无量寿佛经义疏》,《大正藏》第三十七册。

宋·释志磐:《佛祖统纪》,《大正藏》第四十九册。

宋·释戒珠:《净土往生传》,《大正藏》第五十一册。

宋·释宗晓:《乐邦文类》,《大正藏》,第四十七册。

宋·释宗晓:《乐邦遗稿》,《大正藏》,第四十七册。

宋·释宗赜:"莲华胜会录文",载释蕅益选定、释印光编订:《净土十要》,高雄:净宗学会,一九九五年,"第四要.附文"。

宋·释法贤译:《大乘无量寿庄严经》,《大正藏》第十二册。

宋·释知礼:《观无量寿佛经疏妙宗钞》,《大正藏》,第三十七册。

宋·释非浊集:《三宝感应要略录》,《大正藏》第五十一册。

宋·释智圆:《阿弥陀经疏》,《大正藏》第三十七册。

宋·释赞宁:《宋高僧传》,《大正藏》第五十册。

宋·释克勤:《佛果圜悟真觉禅师心要》,《卍续藏经》

第六十九册。

明·袁宏道:《西方合论》,《大正藏》,第四十七册。

明·释传灯:《净土生无生论》,《大正藏》第四十七册。

明·释莲池:《往生集》,《大正藏》,第五十一册。

明·释莲池:《阿弥陀经疏钞》,《卍续藏经》第二十二册。

明·释莲池:《答净土四十八问》,《卍续藏经》第六十一册。

明·释莲池著,释会性编集:《莲池大师净土集》,香港:香港佛经流通处,一九九四年五月。

明·释蕅益:《阿弥陀经要解》,《大正藏》第三十七册。

明·释蕅益:《灵峰宗论》,台中:台中莲社,一九九四年四月。

明·释蕅益著,释会性编集:《蕅益大师净土集》,台中:台中莲社,二〇〇八年一月。

明·释蕅益选定、释成时评点:《净土十要》,《卍续藏经》第六十一册。

东晋·佛陀跋陀罗译:《观佛三昧海经》,《大正藏》第十五册。

东晋·僧伽提婆译:《中阿含经》,《大正藏》第一册。

东晋·僧伽提婆译:《增壹阿含经》,《大正藏》第二册。

东晋·释僧肇:《注维摩诘经》,《大正藏》第三十八册。

姚秦·佛陀耶舍、竺佛念译:《长阿含经》,《大正藏》第一册。

姚秦·鸠摩罗什译:《大智度论》,《大正藏》第二十五册。

姚秦·鸠摩罗什译:《妙法莲华经》,《大正藏》第九册。

姚秦·鸠摩罗什译:《金刚般若波罗蜜经》,《大正藏》,第八册。

姚秦·鸠摩罗什译:《阿弥陀经》,《大正藏》第十二册。

姚秦·鸠摩罗什译:《维摩诘所说经》,《大正藏》第十四册。

姚秦·鸠摩罗什译:《诸法无行经》,《大正藏》第十五册。

后汉·支娄迦谶译:《阿閦佛国经》,《大正藏》第十一册。

后汉·支娄迦谶译:《无量清净平等觉经》,《大正藏》第十二册。

唐·佛陀多罗译:《大方广圆觉修多罗了义经》,《大正藏》第十七册。

唐·般剌蜜帝译:《大佛顶如来密因修证了义诸菩萨万行首楞严经》,《大正藏》第十九册。

唐·菩提流志译:《大宝积经·无量寿如来会》,《大正藏》第十一册。

唐·道镜、善道:《念佛镜》,《大正藏》,第四十七册。

唐·实叉难陀译:《大方广佛华严经》,《大正藏》第十册。

唐·释文谂、唐·释少康共辑:《往生西方净土瑞应传》,《大正藏》第五十一册。

唐·释玄奘:《称赞净土佛摄受经》,《大正藏》第一十二册。

唐·释宗密:《华严经普贤行愿品别行疏钞》,《卍续藏经》第七册。

唐·释法藏:《华严经探玄记》,《大正藏》第三十五册。

唐·释迦才:《净土论》,《大正藏》,第四十七册。

唐·释飞锡:《念佛三昧宝王论》,《大正藏》第四十七册。

唐·释般若译:《大方广佛华严经》,《大正藏》第十册。

唐·释般若译:《大乘本生心地观经》,《大正藏》第三册。

唐·释智升:《开元释教录》,《大正藏》第五十五册。

唐·释湛然:《止观辅行传弘决》,《大正藏》第四十六册

唐·释善导:《依观经等明般舟三昧行道往生赞》,《大正藏》第四十七册。

唐·释善导:《往生礼赞偈》,《大正藏》第四十七册。

唐·释善导:《临终正念诀》,《大正藏》第四十七册。

唐·释善导:《观念阿弥陀佛相海三昧功德法门》,《大正藏》第四十七册。

唐·释善导:《观无量寿佛经疏》,《大正藏》第三十七册。

唐·释义净:《南海寄归内法传》,《大正藏》第五十

四册。

唐·释道世:《法苑珠林》,《大正藏》第五十三册。

唐·释道宣:《广弘明集》,《大正藏》第五十二册。

唐·释道宣:《释迦方志》,《大正藏》第五十一册。

唐·释道宣:《续高僧传》,《大正藏》第五十册。

唐·释道绰:《安乐集》,《大正藏》第四十七册。

唐·释澄观:《大方广佛华严经疏》,《大正藏》第三十五册。

唐·释怀感:《释净土群疑论》,《大正藏》第四十七册。

曹魏·康僧铠译:《无量寿经》,《大正藏》第十二册。

梁·曼陀罗仙译:《文殊师利所说摩诃般若波罗蜜经》,《大正藏》第八册。

梁·释慧皎:《高僧传》,《大正藏》第五十册。

清·胡珽:《净土圣贤续编》,《卍续藏经》第七十八册。

清·彭希涑:《净土圣贤录》,《卍续藏经》第七十八册。

清·彭际清:《居士传》,《卍续藏经》第八十八册。

清·释咫观集:《修西闻见录》,《卍续藏经》第七十八册。

清·释省庵:《劝发菩提心文》,收入释蕅益选定、释印光编订:《净土十要》第九要附录。

清·释达默:《弥陀要解便蒙钞》,《卍续藏经》第二十二册。

清·释彻悟:《彻悟禅师语录》,收入释蕅益选定、释印光编订:《净土十要》第十要附录。

隋·释吉藏:《观无量寿经义疏》,《大正藏》第三十七册。

隋·释智颛:《五方便念佛门》,《大正藏》第四十七册。

隋·释智颛:《净土十疑论》,《大正藏》第四十七册。

隋·释智颛:《摩诃止观》,《大正藏》第四十六册。

隋·释智颛:《观无量寿佛经疏》,《大正藏》第三十七册。

隋·释慧远:《观无量寿经义疏》,《大正藏》第三十七册。

新罗·释元晓:《两卷无量寿经宗要》,《大正藏》第三十七册。

新罗·释元晓:《阿弥陀经疏》,《大正藏》第三十七册。

刘宋·求那跋陀罗译:《杂阿含经》,《大正藏》第二册。

刘宋·昙无竭译:《观世音菩萨授记经》,《大正藏》第十二册。

刘宋·畺良耶舍译:《观无量寿佛经》,《大正藏》第十二册。

三、近人著作（含中、日文，以作者姓氏笔画排列）

丁福保:《无量寿经笺注》, 网址: http://www.tcbl.org. tw/old/Wujing/2/04/fd000001.htm

小笠原宣秀:《中国净土教家の研究》, 京都: 平乐寺书店, 一九五一年五月。

小笠原宣秀：《中国近世淨土教史の研究》，东京：百华苑，一九六三年。

山口益：《世亲の淨土论》，京都：法藏馆，一九七二年九月。

山本佛骨：《道绰教学の研究》，京都：永田文昌堂，一九六〇年八月

山本法纯著，释印海译：《淨土三经新解》，台北：财团法人严宽祜文教基金会，二〇〇五年九月。

方立天：《慧远及其佛学》，收入《方立天文集．第一卷——魏晋南北朝佛教》，北京：中国人民大学出版社，二〇〇六年十月。

王庆龄：《中国净土思想的研究》，香港：珠海书院中国文学研究所硕士论文，一九八二年五月。

冉云华：《永明延寿》，台北：东大图书公司，一九九九年六月。

平川彰：《淨土思想と大乘戒》，《平川彰著作集．第七卷》，东京：春秋社，一九九七年七月。

平川彰著，庄崑木译：《印度佛教史》，台北：商周出版公司，二〇〇四年十二月二版一刷。

玉城康四郎主编，许洋主译：《佛教思想〳二〵——在中国的开展》，台北：幼狮文化事业公司，一九九五年二月四印。

石田充之：《净土教教理史》，京都：平乐寺书店，一九八九年九月第十刷。

石田瑞麿:《往生の思想》,京都:平乐寺书店,一九八六年三月。

牟宗三:《佛性与般若》,台北:台湾学生书局,一九八九年二月修订五版。

吕碧城:《观无量寿佛经释论》,台北:天华出版公司,一九八九年六月四版。

李志夫:《楞严校释》,台北:大乘精舍印经会,一九八四年。

李炳南:《净土问答》,台中:台中莲社,一九九三年四月。

李炳南:《雪庐老人净土选集》,台中:佛教莲社,二〇〇一年一月。

坪井俊映:《净土三经概说》,收入张曼涛主编《现代佛教学术丛刊六八》,《净土典籍研究》,台北:大乘文化出版社,一九七九年四月,页一——二四〇。

坪井俊映:《净土学概论》,京都:佛教大学通信教育部,一九八四年四月第三刷。

林镇国:"在废墟中重建净土:田边元的忏悔道哲学",收入第三届国际汉学会议论文集思想组:《中国思潮与外来文化》,台北:中央研究院中国文哲研究所,二〇〇二年,页四七一——四八九。

金子真补:《净土教研究论集》,东京:东洋文化出版社,一九八一年十一月。

香川孝雄:《淨土教の成立史的研究》,东京:山喜房佛书林，一九九三年。

望月信亨著，释印海译：《中国净土教理史》，台北：正闻出版社，一九九一年四月三版。

望月信亨著，释印海译：《净土教概论》，收入蓝吉富主编：《世界佛学名著译丛五二》，台北：华宇出版社，一九八八年二月。

陈扬炯：《中国净土宗通史》，南京：江苏古籍出版社，二〇〇〇年一月。

陈剑锽："印光会通儒佛及其相关问题"，《当代中国哲学学报》，第十期，二〇〇七年十二月，页二九—六五。

陈剑锽："佛教论述女性障碍修行的相关省思——从净土法门谈起"，《文与哲》，第十三期，二〇〇八年十二月，页一—四四。

陈剑锽："近代确立莲宗十三位祖师的经过及其释疑"，网址：http://www.confucius2000.com/scholar/chenjh2.htm，上网日期：二〇〇七年七月二十二日。

陈剑锽：《行脚走过净土法门——昙鸾、道绰与善导开展弥陀净土教门之轨辙》，台北：商周出版／城邦文化事业有限公司，二〇〇九年九月。

陈剑锽：《净土或问·导读》，台北：东大图书公司，二〇〇四年三月。

陈剑锽：《圆通证道——印光的净土启化》，台北：东大图书公司，二〇〇二年五月。

陈慧剑译注：《法句譬喻今译》，台北：灵山讲堂，一九九〇年七月三版。

傅伟勋:《生命的学问》,杭州:浙江人民出版社,一九
九六年六月。

汤用彤:《汉魏两晋南北朝佛教史》,台北:骆驼出版
社,一九八七年八月。

冢本善隆:《冢本善隆著作集·第四卷——中国净土教
史研究》,东京:大东出版社,一九七六年二月。

杨惠南:《吉藏》,台北:东大图书公司,一九八九年
四月。

廖明活:《中国佛性思想的形成和开展》,台北:文津出
版社,二〇〇八年五月。

廖明活:《中国佛教思想述要》,台北:台湾商务印书
馆,二〇〇六年八月。

廖明活:《怀感的净土思想》,台北:台湾商务印书馆,
二〇〇三年九月。

刘长东:《晋唐弥陀淨土信仰研究》,成都:巴蜀书社,
二〇〇〇年五月

横超慧日:《涅槃經と淨土教》,京都:平乐寺书店,一
九八七年十月三刷。

蓝吉富:《隋代佛教史述论》,台北:台湾商务印书馆,
一九七四年五月。

蓝吉富:《听雨僧庐佛学杂集》,台北:现代禅出版社,
二〇〇三年十一月。

藤田宏达:《原始淨土思想の研究》,东京:岩波书店,

一九九一年十一月第六刷。

藤田宏达等著，释印海译：《净土教思想论》，台北：财团法人严宽祜文教基金会，二○○四年十二月。

释太虚：《往生净土论讲要》，台北：菩提印经会，一九八五年五月。

释印光著，释广定编：《印光大师全集》，台北：佛教书局，一九九一年四月。

释印顺：《佛教史地考论》，台北：正闻出版社，一九九二年修订版。

释印顺：《初期大乘佛教之起源与开展》，台北：正闻出版社，一九九四年七月七版。

释印顺：《净土与禅》，《妙云集·下编之四》，台北：正闻出版社，一九九二年二月修订一版。

释性梵：《无量寿经讲义》，台南：和裕出版社，一九八九年七月。

释星云：《人间佛教序文选》，台北：香海文化事业有限公司，二○○八年四月。

释星云：《人间佛教书信选》，台北：香海文化事业有限公司，二○○八年四月。

释星云：《人间佛教当代问题座谈会》，台北：香海文化事业有限公司，二○○八年四月。

释星云：《人间佛教语录》，台北：香海文化事业有限公司，二○○八年四月。

释星云：《人间佛教论文集》，台北：香海文化事业有限公司，二〇〇〇年三月。

释圆瑛讲义、释会性校订：《阿弥陀经要解讲义》，台中：台中莲社，一九九〇年四月。

释会性：《阿弥陀经讲录》，网址：http://www.tcbl.org.tw/old/Wujing/1/10/fd000001.htm

释会性：《观无量寿佛经集解》网址：http://www.utdallas.edu/~edsha/Buddhism/viewAmitabha-HuiXing.pdf

释圣严：《法鼓全集》，台北：法鼓文化事业股份有限公司，一九九九年。

释道源：《佛堂讲话第三辑——念佛法门与大势至圆通章》，网址：http://www.bfnn.org/book/books/0422.htm，上网日期：二〇〇七年六月二十二日。

释道源：《阿弥陀经讲录》，台北：佛陀教育基金会，一九九四。

释道源：《观无量寿佛经讲记》，台北：佛陀教育基金会，二〇〇六年。

释广钦：《广钦老和尚方便开示录》，台北：广钦禅净学佛会出版，一九九一年。

释谛闲：《观经疏钞演义》，台北：香光净宗学会，二〇〇六年。